U0154410

能力混合班級的
差異化教學

Carol Ann Tomlinson 著

The π Project DI Team
張碧珠 等譯

五南圖書出版公司 印行

How to Differentiate Instruction in Mixed-Ability Classrooms

(2ND EDITION)

Carol Ann Tomlinson

推薦序

看見差異　悅納差異

森林大學中，博學的貓頭鷹博士擔任教授，學員有大象、猴子、黑熊、河馬、白兔、老虎、鱷魚、老鷹等動物。

這一天，貓頭鷹教授出了道題目，他要學員爬樹，看誰爬得最快就是優勝者。

一聲令下，只見動物學員們奮力衝前，有的輕輕鬆鬆爬上樹，有的只能望樹興嘆，也有乾脆放棄的。

這就是學生的差異性，不同能力、不同專長的學生，要他們達到一致的標準，自然是難以達成。倘若貓頭鷹教授不只是測驗爬樹，倘若改測驗跑步、跳躍、游泳能力，相信會有不同的優勝者出現。

教育部普通高中課程英文學科中心設置於左營高中，近二年來我們配合教育部實施十二年國民基本教育教學改革，參與有效教學研習、進行英文科差異化教學實務研究、發表論文及教案，就是希望能在英文教學中看見每位學生的差異，讓高中英文教學能有適應不同學生能力的改變。其實學科中心自96年起，每一年以一主題進行探究英文實務教學的改進，歷年來已完成graphic organizers、reading-writing connection、composition grading、testing and assessment、提升閱讀力、重要議題融入教學等，運用各縣市夥伴研習，進行研發教材的示例教學，辦理教師專業成長研習，推廣到各高中英文教學實務上，多年來已有極其顯著的績效與成果。

　　未來入學的高中學生，差異化勢必存在，因之在高中英文教學上也需有相對的調整。有鑑於此，本中心執行秘書張碧珠老師、教學研發推廣小組呂潔樺老師、種子教師賴筱嵐老師、蔡宛臻老師，及國立華僑高中黃晶莉老師，共同翻譯 Carol Ann Tomlinson所著"*How to Differentiate Instruction in Mixed-Ability*

Classrooms"一書，以實務教學者的語彙翻譯，更能貼近教學現場需求，期能作為國內對差異化教學有興趣探討者，進一步的理論與教學參考依據。

教育部普通高中課程英文學科中心主任
高雄市立左營高級中學校長

陳良傑
2013年9月

*第二版前言

最近經常有人問我，何以對差異化教學這麼感興趣？我覺得，那是因為我們不可能在課堂上面對一群學生，卻假裝他們在本質上是一樣的。

在本書第一版甫發行之時，學校間的差異已經顯現。在教室現場，以英語為第二語言的學生越來越多。即使在這些以英語為第二語言的學習者之間，差別也很大——不僅在其母語本身的差異，受母語影響的經驗，甚至是家庭支持系統，都會影響他們在學校的表現。

越來越多學生經診斷患有注意力缺陷相關疾病。這無形中影響了所有學生。此外，學生可能帶著不同層次的認知、技能、身體侷限或文化背景進到教室。因此，許多學生肩上的壓力成為年輕生命不可承受之重。這些情況都曾經真實上演：表現亮眼的學生因其學習障礙前途無「亮」；至異地潛心學習外語者，卻為家庭經濟所苦等等。

正如我們對「學習」這件事的瞭解，學生學習的方式是非常多樣化的：有的學生透過聽講，有的透過實作，有的獨立作業，有的並肩而行，有的是急行軍，有的需要再三反芻。我們也知道：每個人會受到不同的主題吸引、啓發，而這些正是學習最強而有力的催化劑。為師者善盡教學之責，莫過於全面投入上述細節。

差異化的宗旨即為：將學生的差異

＊ 係指原文書版次。

性融入課程設計，並尋求可行之道。這樣的想法雖然受到關注，不過也挑戰我們，必須傾全力運用教與學的知識解決問題。事實上，教室現況在公平性及卓越度仍有改善空間。

談及「正確」的差異化策略，絕非空包彈或速食麵，而是複雜縝密的，就像其他有價值的觀點一樣。對此，我們必須質疑、改變、反映並作出調整。

本書第二版依循相同路線，自第一版上市以來，承蒙許多教育工作者鼎力相助，提供許多問題與實際研究案例。本修訂版相較於前一版，根據大量與教育工作者的對談，延伸並深化其架構元素。

感謝ASCD（the Association for Supervision and Curriculum Development）課程發展協會給我這個機會，透過分享許多教育工作者的日常工作，確保每個進入教室的學生適得其所。老師們在課程標準、時間不夠管理問題間，鎮日奮鬥，面對來自學生的挑戰，仍須擠出能量。我有幸繼續得利自這些第一線工作者，希望拙著能適切為他們發聲，並澄清、擴展我認為相當重要的討論——如何達到高品質的公共教育，發揮每個學習者的能力最大值，且相信我們的課堂指導，能達到其理想學習的目的。

緒論

今日美國教室的學生組成呈多元結構。他們來自不同的文化，有不同的學習風格，情感及社會成熟度各異，感興趣的主題也不一樣，在限定時間內，他們對不同科目／單一科目之不同面相的先備知識迥異，複雜面看來，針對單一科目，學生的先備知識及所展現的興趣之間差異就很大。

任教於如此「能力混合」的班級中，教師必須面臨多重挑戰：每年9月入學時，許多一年級新生已能讀懂三年級的書籍，而他們的同學或許仍在由左到右的閱讀順序或短母音、長母音間掙扎。或者，有些三年級生在老師解釋前就學會乘除法等等。

這批孩子進入中學時，會運用社會、文學、科學、數學等各領域的知識於課堂上，以掌握教科書中的主旨。在高中階段，先前被界定為「緩慢」或「平平」的學生可能表現令人驚艷，因為他們已經能夠運用科學及經濟策略處理複雜的問題，但另有學生仍在努力體會抽象思考。

在生活中，孩子可以依尺寸、樣式、喜好選擇適合自己的服裝。這是適性發展的道理，不言而喻。同樣地，在學校裡，為了不同潛質及興趣的學生實施差異化教學，才是順應自然的方法。從頭到尾使用同一套教法，就像讓所有學生穿同一個尺寸的衣服，必定不會完

全適合，即使學生的年紀一樣。

　　承認學生在學習速度、抽象思維能力，或瞭解複雜概念上的差異，就像明白同齡學生有身高差異一樣：這不是口號，而是事實。為了順應現實，教師可創造一個「使用者友善」的環境，在其中，他們靈活調整學習步驟及方法，建立學習的管道，以呼應學生的不同需求。

　　學生學習的目標設定是給予挑戰、使其成長，有鑑於此，教師必須針對不同學生的興趣及起點行為，定義不同的挑戰與成長目標。

　　本書對有志創造創意學習環境的教師提供引導，以滿足融合教室的需要。此處包含的原則及策略，可幫助教師解決不同學習類型、學習興趣和先備知識的教學問題。本書目標是幫助教師確立差異化教學的立場：為什麼適合所有學習者？如何開始規劃課程？如何創造學生、學校的雙贏局面。

目　錄

差異化教學：孰是孰非

即便是同齡孩子，在學習、體型、嗜好、個性及好惡都不盡相同。同為人類，同為孩子，當然，他們也有許多共同點。相同之處僅在於我們都是人類；而相異處造就了我們的獨特性。在鮮少或沒有執行差異化教學的課堂上，可能只關注得到學生的相同處。而在差異化課堂裡，同質性建構其上，學生的差異才是教與學的重要元素。

在最基本的層面上，差異化教學意味著「顛覆」了原本課堂的步驟，如此一來，學生對於攝取知識、感知概念、及表達所學，有了多重選擇。換句話說，差異化課室提供不同途徑來攫取內容、處理概念及產出成果，使每個學生都能有效地學習。

在許多教室中，教與學的方法趨向單一。例如：一年級學生聽到一個故事，然後將故事畫出來。雖然讀的是相同內容，也運用同樣感官進行同樣活動，但畫的是故事的不同層面。一所幼稚園可能設有四個學習角，所有學生需要一星期才能完成相同的活動。五年級生共同聽老師解釋小數的概念並完成相同的家庭作業。國、高中生可透過講座和影片，幫助他們瞭解科學或歷史中的主題。他們閱讀同

一章節、作相同的筆記、完成相同的實驗或課後問題，並作相同的隨堂測驗。這樣的教室是令人熟悉的、典型的、未執行差異化的。

大多數教師（包括學生及家長）對這樣的教室已有清晰的既定印象。多年來未實行差異化的結果是：我們很難想像差異化教室的樣貌。教育工作者想知道的是，如何才能從「單一指令」教學轉換為差異化教學，以滿足學生的多樣需求？要回答這個問題，首先要釐清一些誤解。

差異化教學並非如此

差異教學不是70年代的「個別化教學」。

當時稱為「個別化教學」的重要教學法大概從70年代開始實驗。至少我們瞭解到：學生有不同的學習狀況，而且總有方法幫助各種不同學生進步。不過，70年代的方法有缺點，其中之一是將超過30名學生放在同一間教室。例如：每個學生若有不同的閱讀作業，沒多久，老師會耗盡精力。第二個缺點是，為了精確符合每位學生的起點行

為，而將「課堂指令」切成細瑣的「技能指令」，使學習顯得零散。

雖然差異化教學的確提供不同學習途徑，但不預設每個學習者的程度，亦側重有意義的學習或所有學生思考的產出。差異化相較於個別化，更像是只有一個房間的校舍。在這樣的教學模式之下，老師有時大班一起上課、有時是小組、有時面對個別學生。這些變化是重要的，目的無非是促進每位學生在理解及技能的增進，以及在團體中建立群組關係。

差異化教學不等於混亂。

許多老師經常憶起教書第一年的噩夢（有時是事實）：學生行為失控。教師發展的基準點在於：老師在課室管理上感覺的安全、舒適。對學生行為的失控感到害怕是許多老師建立靈活課堂的一大障礙。實行差異化教學的老師隨即指出，他們在教室發揮更大的領導功能。

相較於單一教法的老師，實行差異化的教師必須同時管理和監控班級學習活動，且仍須幫助學生建立行為常規、進行活動時給予指令，並連結每個學習

經驗。有效的差異化教室包括有目的的學生活動和與學生對話，而不是混亂或雜亂無章的。

差異化教學不只是另一種同質分組方式。

在非差異化的教室中，以鳥類比喻，就像把藍雀、紅雀，及禿鷹放在一起上閱讀課一樣。一般而言，禿鷹和紅雀的本質不會因此改變。在這個制度下，禿鷹幾乎總是與禿鷹合作，專注在技能任務，而紅雀的工作則是以思考層次為主。除了以上可預測的結果之外，學生分組作業幾乎是老師說了算。

相反的，在有效的差異化教室內，其中一個指標即是靈活的分組方式，可包容各項表現不同的學生。例如：一個學生可能在闡釋文學方面很突出，但拼寫能力稍嫌不足；識圖技巧優異的，卻不能快速掌握歷史來龍去脈；數學解題快速，但計算卻容易粗心失誤等等。運用靈活分組的老師也明白，有些學生可能對於新任務較慢上手，一旦熟稔後，會以驚人速度前進，其他人也會學習，但是速度比較慢。這位老師知道，有時她需要自己安排學生分組，以呼應學生需求，但在其他情況下，讓學生形成自己的工作權則更有意義。她看到有些學生喜歡獨立工作，有一些則透過合作始能成長。

在實行差異化的教室裡，老師使用不同的分組機制，隨著時間推移，學生可體驗到許多不同分組模式及任務。「流動的群體」在這樣異質結構的課堂可用來形容學生的分組狀況。照以前的方法，在「分三組」的指令下，學生分配到的任務是固定的。靈活的分組方法將在第4章中詳述。

差異化教學不只是「量身訂製同一套衣服」。

許多老師認為他們要求學生透過討論解決較複雜的問題、分享進階資訊、給予學生難度不一的作業以回應學生的認知能力及努力，或讓學生自行挑選測驗上的問題來回答，即為差異化教學。的確，這種改良方式回應了教師對於差異化的認知：學生程度、特質各異。有鑑於此，這些改變可謂帶領我們邁向差異化的道路。在老師端，雖然不全然是「無效」或「差強人意」的策略，這種「微差異化」或「量身訂製」是不夠

的。

對進階學習者來說，如果基本題太過簡單，那麼，有機會回答較難的問題並非足夠的挑戰。

對學習力較弱的學習者來說，資訊的理解是必要的，那麼，允許他跳過測驗上的某幾題不答，對於他的訊息理解是無效的。在一項基礎作業中，如果訊息本身對於學習者太過複雜，需要瞭解背景知識或是相關技巧才能解決，再將作業更簡化對學習者長遠看來並不理想。總之，過大或過小的衣服，不管再怎麼拉長、摺小，都比不上大小剛剛好的衣服合身。

差異化教學果真如此

差異化教學：預設情況。

在差異化教室裡，老師假設不同學生有不同需求。因此，教師事先計劃以多種方式達成學習目標。對於個別學習者，教師仍需為其量身訂做或微調課程內容，但因不同的學習機會乃依據不同的知識基礎及需求，提供多元學習方案將有助提供更多學習者適合自己的學習經驗。有效的差異化應由教師事先規劃，廣泛設想學習者的需要，而非設計單一課程，一旦到了不適用時，才針對部分學習者調整內涵。

差異化教學：質甚於量。

許多教師錯誤地認為，差異化教學意味著能者多勞，能力較差的人少做一點。例如：老師派給能力好的學生兩份作業，能力差的一份即可；或是數學較弱的學生作計算題較好，程度好的則要作應用題。

雖然這種「差異化」背後的理由充分，但通常是無效的。對學習力較弱的學習者來說，在閱讀和理解文本過程中，若無額外支持，完成一份讀書報告負擔太大；抑或能夠完整演繹書中內容的學生可能寫不出一份三頁的報告。如果寫一份讀書報告對於進階讀者來說太過容易，那麼，做兩倍同樣的事情不僅不能解決問題，而是一種懲罰。已精熟某一項數學技巧的學生，下一步的工作不是繼續練習該項技巧，而是開始練習另一項。調整作業的內容以符合學生需求，比光是調整作業量要來得有效。

差異化教學：根植評量方法。

　　試圖瞭解教師教學真正符合學生學習需要的老師，無不極盡所能尋找更瞭解學生的機會。教師視個別訪談、課堂討論、學生作品、觀察、評量等為蒐集深入瞭解學習者的方法。這些資訊都是催化劑，有助於教師發現學生的潛質，以刻劃適合學生的學習法。評量不再只是教學單元完畢後評估「誰做到了」的工具。其實，評量可在單元一開始時舉行，以確定與課程相關的學生需求。

　　在整個教學過程中，教師以多種方式評量學生在起點知識、興趣和學習方式的發展。然後，教師依此為學生設計最適合的學習經驗。最終產出的作品，可稱為「最終評量」，無論何種形式，目的均在於幫助每個學生尋找出路，成功分享他在課堂中的學習過程。

差異化教學：針對課程內容、學習過程及學習成果提供多種策略。

　　在教室中，教師至少需處理三個課程要素：(1)課程內容——學生學習的要項；(2)學習過程——學生如何透過思考獲知訊息；(3)學習成果——學生如何展示所學。這三項元素對差異化教學影響甚鉅，將分別於第8、9、10章詳述。藉由區分這三項元素，教師使用不同方法來達成目標。然而，這些方法的共同之處正是用來擘畫、鼓勵所有學生成長的開端。

差異化教學：以學生為中心。

　　要實行有效的差異化教學，前提在於：融入相關而有趣的學生學習經驗。所導致的必然結果是：所有學生不依循相同途徑達成學習目標。尤有甚者，差異化教學法指出，新知識的學習須建立在先備知識之上，也就是說，課程一開始，並非所有學生都站在同一起點。在能力混合的班級中，實施差異化教學的老師試著為所有學生尋求具挑戰性的學習經驗。這些教師意識到：對於一些學習者來說，缺乏挑戰的任務，對於另一些人來說，可能顯得複雜。

　　此外，差異化班級的教師瞭解到，他們需要幫助學生為自己的成長負責。在大班教室裡，引導學生獨立思考，為自己的學習負責，並對努力感到驕傲並不容易，故老師常使用講述法大班教學。在差異化教室裡，學習者需要積極參與、下決定。老師在一天之中可

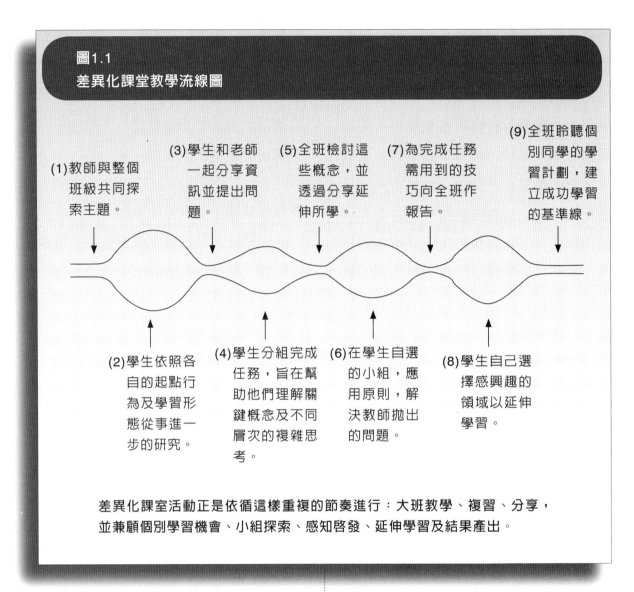

圖1.1
差異化課堂教學流線圖

(1)教師與整個班級共同探索主題。

(2)學生依照各自的起點行為及學習形態從事進一步的研究。

(3)學生和老師一起分享資訊並提出問題。

(4)學生分組完成任務，旨在幫助他們理解關鍵概念及不同層次的複雜思考。

(5)全班檢討這些概念，並透過分享延伸所學。

(6)在學生自選的小組，應用原則，解決教師拋出的問題。

(7)為完成任務需用到的技巧向全班作報告。

(8)學生自己選擇感興趣的領域以延伸學習。

(9)全班聆聽個別同學的學習計劃，建立成功學習的基準線。

差異化課室活動正是依循這樣重複的節奏進行：大班教學、複習、分享，並兼顧個別學習機會、小組探索、感知啓發、延伸學習及結果產出。

能面對不同的群體或個別學生，教導學生分擔應盡的責任，這對學生的未來有良性發展。

差異化教學：融合大班教學、分組教學及個別指導。

有時候，大班教學在分享訊息或實作相同活動中較有效率。此種模式使學生就由討論及複習建立共識和群體意識。圖1.1所示爲差異化課堂中的教

學模式，呈對稱波浪狀。一開始，學生全班一起開始學習，接著分組或單獨作業，再回來一起分享，並進一步作計劃，引導出更多延伸練習，再次分享等等。

差異化教學：「有機」教學法。

　　在差異化教室裡，教學是不斷進化的。學生和教師是學習共同體。雖然教師握有較多學科相關素材，他們也不斷從學生的學習上持續精進。與學生合作學習乃精緻學習的必要條件，亦使學生直接受益。差異化教學是動態的：教師監控學習者的學習狀況，並進行調整。教師們也都明白，學習者的學習狀況低於預期時，可以不斷做出調整。差異化教學往往比單一教學模式來得更有效率。

　　此外，實行差異化教學的老師並非將自己歸類為「差異化執行者」。相反的，這些教師充分認識到：每天、每堂課的教學所代表的是為學習者找到更適合的學習方式。

　　最後，這些老師們已不把「差異化」當成一種教學策略，好像有時間才作。在課堂上，這已成為常態。教師不

尋求差異化教學的「處方」，而是將各種差異化資源與自身專業及基礎有效結合，盡可能使所有學習者受惠。

差異化教學必須牢記在心的概念

　　若你持續閱讀本書，
　　請牢記以下心法：

　　在差異化教室內，老師事先對於課程內容、學習過程及產出結果擘畫出各種方法，以呼應學生在起點行為、興趣及學習需要的差異。

　　　　　　*　　*　　*

　　本書中所揭示的實用策略，將有助各位老師運用於差異化課堂教學。

差異化教學之理論基礎

有些教育學者認為「好的」教育可以確保所有學生在規劃好的學習過程與期程之下,學到某些核心訊息並且精熟某些基本能力;而有的教育學者則將「好的」教育定義為能夠協助激發學生身為學習者的潛能。由於後者的說法支持學習者要不時超越自己,也同時在測試個人極限在哪裡,故此說法適用於所有學習者。

如何才能學得最好:驅使有效的差異化教學前行的動力引擎

我們已經知道許多關於如何學習的知識。舉例來說,我們明白每位學習者必須把老師想授予的東西賦予意義。這賦予意義的過程又受到一些因素影響,像是學生的先備知識、興趣、信念,學生如何學才學得最好,以及學生對自己還有對學校的態度(National Research Council, 1990)。

我們還知道,當知識清楚、有組織地被傳達時,當學生在學習過程中非常積極參與時,當評量方式多元,

還有當學生擁有安全感與聯繫感時，有效的教學才會在課室裡發生（National Research Council, 1990; Wiggins & McTighee, 1998）。

我們明白，若學習經驗促使學習者於獨立學習之外，再多學一點點時，他就會學得最好。當學生花時間在已經精熟的知識與技能，是不可能有新的學習體驗產生的。另一方面，如果給予的任務遠遠超過學生目前精熟的程度，則會造成沮喪感，也不會產生任何學習成效（Howard, 1994; Vygotsky, 1962）。

此外，當我們對要學的東西感到熟悉、有趣、或具高度興致之時，學習動機就會增強（Piaget, 1978）。而且，受到獨特的大腦、文化、性別等影響，我們以不同方式學習（Delpit, 1995; Gardner, 1983; Heath, 1983; Sternberg, 1985; Sullivan, 1993）。

最後，我們能立下至少三種對於教學的結論：第一、若只求「一般」學生舒適學習的景象，那麼許多不同學生族群中必然的顯著差異將會被抹煞；第二、沒有什麼東西可以替代教室裡高品質的課程與教學；第三、即使在教室裡有著高品質的課程與教學，我們須爲學習者與其學習歷程搭起橋梁，否則將遺憾無法達成目標，亦即透過教育的力量幫助每位學習者創造美好生活。

這三項結論正是驅使有效的差異化教學前進的動力引擎。就像我們所知的如何讓學習發生等相關的知識一樣，這三項結論在課室裡是不可更動的，老師須開始讓每一位學生著迷於未知，且能清楚知道他們可以活出他們想要的生活。

在能力混合的教室裡，學習目標含糊不清、無法激發高度興致、老師是學習歷程中的主角、對於學生的差異性缺乏回應，種種現象皆指出能力混合的教室對於這些學習的眞實現況的不理解。他們缺乏高效能學習的基礎，最高品質的課程與教學——以及具關鍵性精緻化的課程，如較好的課程設置與教學、差異化教學或具回應的教學。而這當中最大的認知誤解即是認爲透過這些常態編班的教室即可達成學習效果，像是學生在含糊不清的學習環境下，可以讓學習理解更爲透徹，並認爲學生好奇的探索心在缺乏學習興致之火焰助燃之下，能因之被點燃。關於促進學習動機這一部分，常態編班的教室又似乎傾向同一立

場：所有學生需要用同樣的時間、同樣的方式來學習同樣的內容。

好好落實著帶領學生按部就班學習是差異化教學成功的重要關鍵。「未規劃的事絕不可能實現」，則爲此信念下爲教育做規劃的每日箴言。而提供多元且多變的學習途徑——是差異化教學素養專有的代表標記。每一位學生會時時傳達訊息給老師們，好讓他們得以一直精進於教學的技巧層次與藝術層面。

本書重點將清楚介紹具高品質、吸睛的教學，亦即所謂的「差異化教學」。然而，關於我們想要哪些地方進行差化教學，本書會說得更清楚，提供更棒的例子。如同一場無效的訓練，若欲滿足所有學習者的需要，卻只提供低品質、不連貫的訓練方法的差異化教學，充其量只是提供學習者幾碗稍具變化的稀粥，最後當然無法滿足所有學生的需求。

透過不同的眼睛觀看教室

他們的老師很在乎她的工作。她喜歡孩子、她喜歡教書。她認眞努力工作，並以她的專業爲榮。這群孩子們對老師的教學熱忱和態度沒有任何的質疑。但這一天對多數學生而言，彷彿過得比平時都還長。他們的老師有些時候能感受到學生對學習的無趣。但多數的時候是不知其然的。

琳不懂英文。沒有人知道她的母語，即便她說了也沒人聽懂。琳的老師微笑地望著她並指派一位同學協助她。那位同學不會說她的母語；那位同學也是微笑著。有時微笑是可以幫上一些忙的。有時他們彼此微笑著，就像無聲音樂一般。上數學課時，琳可就勝任得多，因爲數字所夾帶的隱晦訊息比文字來得少。可是，沒有人期待琳能理解上課內容，因此沒人要她到臺前解數學題目。對琳而言，這樣的結果並不壞，因爲如果她到臺前解題的話，她是無法開口說明那道數學問題的。

拉菲爾想要朗讀，想閱讀更多有關歷史人物的書籍；其他孩子討論提問時，他也想要更進一步發問。但他什麼都沒做。他的朋友在學校的學習狀況沒有他的糟糕，就這件事情而言，也許同學們的說法是對的。但私底下，拉菲爾常思索著他會上大學或得到一份好工作——而且他想知道許多事情，但那很難

開口。

賽琳娜在家閱讀母親的書籍。她閱讀那些跟著星期日泰晤士報一塊寄來的雜誌。每年夏天她都會跟朋友編寫和創作劇碼給鄰居欣賞，而且很多朋友都會前來捧場。在學校，賽琳娜學的是四年級的拼字內容。每項考試她都得A，她做的每一件事都得到A。不像準備劇本那樣複雜，她總是輕鬆完成學業。在學校，賽琳娜總覺得有些罪惡感。當其他同學還在絞盡腦汁該如何完成學習單時，她的腦袋瓜裡早已編好一些故事。她的同學們都很認真學習卻沒得到A，這也讓賽琳娜內心覺得內疚。

崔佛討厭閱讀。有時上課他規矩不好，但這也不是他想要的；他只是厭倦在別人前面總是顯得那麼愚蠢。他覺得自己上課朗讀起來的聲音糟透了。奇怪的是，當同學朗讀某頁時，他卻聽得懂文章在說些什麼。想想一個正常的四年級孩子如何能透析他／她有閱讀障礙！

雷斯麗知道她不像其他孩子學習一樣。她知道別人認為她是「遲緩兒」。她有特殊教育的老師會來到教室陪伴她，或帶她到資源教室進行抽離學習。她喜歡那位老師，也喜歡她原班的老師。只是，她不喜歡同時擁有兩位老師，因為這讓她變得與眾不同。她不喜歡她學習的內容看起來和其他同學不一樣。她也不喜歡自己好像一直處在行動邊緣。

丹尼喜歡上學，因為人們不必一直吼叫。沒人會在學校打架，即使打架，他們就會有麻煩。學校有許多東西可以玩。他的老師微笑著看他。老師說她很開心看到他來上學。丹尼不確定老師說的是否是真的。他想學習，但要他專心很難。丹尼很擔心他姊姊，常常心不在焉。在家裡很難靜下心來做功課，他的課業嚴重落後。

希歐一直專注聽著問題，那些問題聽起來像在家裡會有人會問他的一樣。他一直聽著聽起來跟他聲音很像的語言。他一直觀察著知識與生活的關聯性。他不在意學習，他只想知道為什麼學習的目的。他一直處於焦躁不安的狀態。

學生們都很清楚他們的老師非常認真地準備教材，這很重要。弔詭的是，很多時候，彷彿老師只是在教課，不是在教孩子。有時老師似乎認為這群學生都是同一款。有時學生就像是考試分數

的同義詞。有時學校就像一隻鞋，只適合某位學生腳的大小。

或許開始展開差異化教學之旅最好的辦法，即是藉由觀察課室內兩端不同類型的孩子——亦即學習成就較高的孩子與學習困難的孩子。這二類當中當然仍含括不同類的學生，只是說他們的確至少可以提供一處讓老師們去開始思索學業上表現不同的學生之學習準備度與他們到學校所需的不同需求。我們將在後續的章節關注學生需求，如學生的學習興趣以及學習概況。

理解學習成就較高的學生之需求

不管我們用什麼稱號——「資賦優異生」、「高階學習者」、或是「學業成績卓越者」——似乎都會造成許多人困擾。本書基於兩項理由，採用「學習成就較高學生」一詞：首先，此一名稱不像其他稱號一般，較易產生爭議的弦外之音。再者，此名稱對任教常態編班的老師們來說，就像在跟他們傳遞著「不必擔心鑑定過程或形式上的標籤。看看有誰會比你的期望表現還高，或是有誰比課程指引規劃學生應表現的水準

還好，就從那地方開始著手。」

有的學生9月時的學習狀況很好，5月份的學習狀況卻不然——或是5月學得很好，9月則不然。有的學生數學表現極佳，可是卻不擅長閱讀；有的是實驗性的活動表現得很優異，卻對背誦相關科學的公式沒轍。有的短期學習的表現甚佳，而有的即便終其一生，還得汲汲營營才有可取的表現。而有的還能同時在多處有持續不斷的優異表現。

由於差異化教學主要目的在於激發學生潛能，當你能夠看見（或是你直覺到）你的學生可以更深入學習、更快速學習、或是還可以比預定的教案所建議的做更多連結，這時就是要提供他進階學習的機會了。

然而，就像其他學習者一樣，學習成就較高的學生在發展其能力時，也是需要協助。若沒有老師指導如何成長或是提供適度挑戰的課程，這些學生潛力將無法發揮。舉例來講，最近一項研究將全美排名前百分之一高中生參加大學先修課程（Advanced Placement）測驗的結果，與其他十三國的頂尖學生相較發現，美國學生生物科表現敬陪末座，化學科表現排名第十一，而物理科

表現位居第九（Ross, 1993）。有許多原因可以解釋為什麼學習成就較高的學生無法發揮其全部潛力。

• **學習成就較高的學生即便在學校表現佳，他們在心智上容易變得較為懶惰。**研究證實（Clark, 1992; Ornstein & Thompson, 1984; Wittrok, 1977）：就像我們很少運動到肌肉，比較不容易有肌耐力；同樣地，人腦若不常充分利用便會失去其原本功能。若學生的「成功」經驗是不靠努力得來的話，他的智能很可能因此失去。

• **學習成就較高的學生很容易被「成功」的外表給迷住。**他們會認為分數比想法來得還重要，覺得被人稱讚比進行智力上的冒險來得重要，也深信做對事比得到新發現來得有用。許多學習成就較高的學生很可惜因此很快學會只做「安全的事」或「有報償的事」，而不是想去進行需要長時間學習才會有結果的事情。

• **學習成就較高的學生很容易成為完美主義者。**我們稱讚這些學習成就較高的學生，是因為他們極優的閱讀表現，老師會分派他們去協助那些數學不行的同學，還稱許他們考試得最高分。當其他人對於他們的表現感到興奮時，這些學生經常就這麼以為自己可以一直維持這最佳的狀況。由於他們多把自我價值感跟學校會有的獎賞給扣在一起，且長久以來，這些獎勵對他們來說，每次都是容易取得的，這些學習成就較高的學生經常沒學到何謂困獸之鬥或失敗。因此，失敗對這些學生來說，是他們無論如何都要避免的東西。有些這類孩子因之有了強迫症，像是焦慮過度、拖延症到厭食症，有的甚至會自殺。而許多這類孩子最後表現就變成不那麼突出，也不再那麼令人滿意。一般說來，深具創意的作品有非常多都是經歷過失敗到成功這一過程。有能力可以把初學到的知識重新製作卻害怕失敗的學生，是不可能把他想產出的能力給實現的。

• **學習成就較高的學生無法培育出自我效能。**自尊心（Self-esteem）的養成是經由外人，他們會對你說，像是你很重要，你很被器重，或說你很成功這類的話語。而自我效能（self-efficacy）則來自你本身，是起初你認為那已超過你能力所及的目標，可你卻想盡力的信念。雖說許多學習成就較高的學生很容易就有一種空洞的自尊心，他們卻無法擁有自我效能。這些學生經常自欺欺人，害怕那無法避免的一天到來，擔憂眾人會發覺原來他們沒那麼行。

• **學習成就較高的學生無法養成讀書習慣以及應對技能**。對於毫不費力即可完成學校課業的學生，他們看起來是成功的。但事實上，生命中的成功一般說來，多來自堅持、努力、還有冒險。在許多案例裡，學習成就較高的學生不須認真學習就能獲得好成績。因此當認真努力成為必要條件時，他們就會變得害怕、忿恨，抑或感到沮喪。而且，他們還「成功」地不必學習讀書，不須努力釐清概念，或不必在遇到不確定狀況還得堅持下去。我們讓許多優秀生心存只要稍稍努力即可成功的「信念」畢業，卻沒讓他們學到必要的技能，一直要到他們畢業之後才發現到那樣的「信念」其實無效。

像所有的學習者一樣，學習成就較高的學生也需要專為他們設計、適合他們的學習體驗。若老師不能敏銳地察覺到這需求，替學習程度較高學生訂定學習目標時，有可能會訂得太低，或是訂定出其實是很難幫助他們發展新技能的目標。因此，若學生無論如何都表現很好，他們會常常無法在遇上困難或是克服困難這中間找到令人滿意的平衡點。學習成就較高的學生一樣有其學習需求，只要他們的老師能幫他們設定高目標，幫他們擬定達成這些目標的計畫，在學習路上包容他們的挫折和分享其喜悅，並且在每次任務完成後，幫助他們看見新視野：

以下還有幾項重要且實用的原則，可以運用在指導並提升這些學生的學習成就：

• 持續提升對學習成就較高學生的期望，如此一來，他們才能與自己的可能性進行競爭，而不是只求達到一般規準即可。

• 讓學習成就較高的學生明瞭如何才能成就卓越，這樣至少會讓他們知道要透過自己的作品追求什麼。

• 當你想提高對學生的期望時，請同時提出可以幫助學生達其目標的支援

系統。就像其他學習者一樣，當學習任務頗具挑戰性，你會發現高階學習者須要你的鷹架支援，以達到真正的成功。

• 記得要平衡學習過程中的苦與樂。很難想像具天分的學生在學習時，曾覺得那很棒，可卻沒有任何喜悅情況下還能堅持到底。更難想像高階的知識可以在只有歡樂卻無任何嚴峻要求之下習得。

理解學習困難學生的需求

用在學習困難學生身上的標籤也是很弔詭。「學習遲緩者」（slow learners）一詞經常帶有得過且過、懶惰等負面意涵，可是許多學習困難學生都很努力認真讀書——特別是當學習任務既不無聊（像是技巧或技能毫無生趣地反覆練習）也不讓人焦慮（像有些學習任務所要求他們做的，就算他們已盡力了卻還是無法達成）。「學習困難」（at-risk）一詞忽略了這類學習者也可以「展現潛能」（at-promise）這一部分。某個孩子的學習困頓來自於學習障礙，另一個孩子的家庭生活消耗她的精力，而另一位孩子則認為某一科目是他的仇敵。

而且，就像學習成就較高孩子一樣，學習困難孩子的學習概況常常改變，比如：一個學生在上了如何解碼與理解的課一段時間之後，突然變成一位如飢似渴的讀者。很多我們認為是「學習遲緩」、「學習困難」或是「學習受挫」的學生可能事實上擁有非常棒的天賦，只可惜這些天賦往往被學校認為是不重要的，像是同儕之間的領導力、說故事能力，或是利用廢棄物中創造出新玩意。

可是許多學生的確受挫於學校的學習任務。他們算是一群具多元性的群體，挑戰最學有專精的老師之教學技藝，要他深切地聆聽、無條件地相信，並在教學的食譜或藍圖中選取最適合的方法教導學生，創造出可以提供他們不同學習路徑或時程表，以利他們學習的教學環境。

這裡有一些可以協助並確保學習困難學生在學校激發其潛能的建議：

• **找出學習困難學生的優點**。每位學生在做某些事情會表現相當地好。重要的是要去發現是哪些事情，用肯定的

對話肯定他們或在同儕前面稱讚他們，設計須可以讓他們長處發揮的學習任務，並確保學生面對困難時會拿出他們的強項來處理問題。舉例來說，對擅長肢體動作卻不擅長閱讀的學生來說，比較容易理解故事的方式是讓某位同學朗讀故事情節同時，讓她透過動作來傳達故事事件的發展，接著再讓她自己把故事讀下去。

• **別讓行不通的東西搞砸了行得通的地方。**很少成人選擇花上大部分時間練習他們不會的事情。我們和學生不同之處在於我們可以選擇。當他們可以專心在具關聯性的學習任務上或是讓他們感到自己具有影響力時，學習困難學生極有可能維持其學習動機。舉例來說，很多學習障礙的資優生無法忍受學校是因為教育者花了太多時間「矯正」他們的缺點，而導致沒有空間可以提升他們的強處。一般而言，對於學習困難學生來說，避免這樣的引導是很重要的。

• **留意關聯性。**要理解為什麼許多學習困難學生很容易覺得學校不是「他們的地方」。他們只是今天「在學校表現不好」，而我們又一直堅決認為這樣的堅持於「某一天」就會有所報償——而通常這「某一天」指的是在孩子他不抱期望可以有所成的學校的某一年級或階段。杜威（1938）提醒我們，如果學校不為今日來做準備，未來通常也不會有什麼結果發生。他深信這點也適用於所有學習者。的確，這對許多學習困難學生來說也是如此。有經驗的老師每天會好好認真地進行每一日的探索。

• **選擇高效率的學習。**如果學習困難學生無法學好每一件事，那麼就設法讓他們學會即將要學的科目之重要想法、關鍵概念，以及主要原則。這方法不只可協助學習困難學生看到要學的議題或科目之全貌，也幫助他們搭起了理解的鷹架，助其通往未來成功必不可缺的組織架構。

• **教導孩子向上提升。**瞭解你班上學習困難學生的學習概況；設計出專給學習困難學生的學習任務（包含給個別學生使用、或是分組給具相似學習概況的學生練習），該任務的難度是比你瞭解學生可完成的能力還要再艱深

一些；接著引領他們前往成功之路（藉由鼓勵、提供支援、規劃引導、描述規準等等），好讓學生在能力範圍之內，做到那些看似無法做到的事。強有力的自我效能不是來自告知他們說「我們很棒」，而是來自他們得自我確認——知道自己已經完成超乎自己能力的事。

• **使用不同路徑來學習**。有些學生偏好使用耳朵學習，有的習慣用眼睛學習，而有的則靠觸覺或活動來學習。有的學生喜歡單獨學習，而有的一定要靠和其他朋友互動才能學習。有些學生是憑藉蒐集細節，然後再建構出剛剛學過的東西的全貌才學得好。而有的學生在他們面對細微枝節內容之前，得先清楚掌握大重點才會學得好。正因學習困難學生可以經由教師設計及學生選擇變得較易學得好，他們有時也可以成為較成功的學習者。

• **以關愛的眼神對待他們**。有的孩子是以緊握拳頭之姿來到這世間。對他們來說，生命是場硬仗，部分原因在於外在環境的競爭性助長其內心的好鬥因子。要老師去擁抱這些孩子就跟要其他人來擁抱他們一樣都很困難。可是在憤怒孩子的內心世界充斥著緊繃與好鬥的背後，所匱乏的是他從未曾擁有的接納與關愛。或許好朋友最佳的定義是那些會愛我們原本樣子的人，並且祝福我們達成我們想成為的人。若真如此，這些學生需要的是像朋友一般的老師。關愛的眼神會反應在無條件的接納以及堅定深信其潛力會全部激發出來。這不容易，卻很重要。

若你計畫幫助在學校學習困難學生邁向成功之途，這裡有幾個重要的方法可以幫你再去思索：

• 為了要讓學生習得該科知識，要很清楚學生必須知道哪些、理解哪些，還有他們能夠做什麼。老師造成的疑惑對學習困難學生來講，只會讓原本已很困難的觀點更加模糊。

• 設定好學習困難學生其學習內容的重要目標以及他們可以使用的概念，然後想出如何搭起鷹架引領學生成功地達成學習目標。不要將學習目標給失焦了。

• 要在具脈絡的環境下進行學習。換句話說，即是協助學生看見要學的觀

念、技巧跟其家庭生活、社區以及未來如何有關聯。幫助學生把其生命跟這些觀念、技巧連結起來，這代表著身為老師的我們得先瞭解學生的社區環境、文化、家庭，並思索其他哪些還可以連結的層面。

• 透過不同學習方式規劃教學內容。如果學生曾聽過某一觀念，唱過相關主題的歌曲，畫過類似的作品，或是讀過相關的書籍，那麼學習成功的機率遠大於針對單一學習方式的設計。

• 持續找出方法好讓學生明白你是相信他／她的——並強調不論何時，成功總有一天會發生。若我相信你做得到，我會想辦法確保你會成功；不論何時，當成功真的發生、當你真的做到，我會肯定地告訴你——你成功了。

滿足不同能力的差異化學習經驗

差異化教學不僅把「正常的」作業交給多數學生練習，同時也把「特別的」作業交給學習困難學生與學習成就較高學生練習。這方法通常會在學生間產生出「等級順序」，因此有可能造成困擾。被分派去做看來比其他人還簡單

的補救作業的學生，會把這樣的作業當作是傳遞出他們是低人一等的訊息。高階的作業看來幾乎對每一個人來講似乎比較有趣，只除了學習程度較高學生不這麼認為，因為他們把這些作業視為工作。這般策略有可能造成和預期完全相反的結果，造成學習程度較高學生與學習困難學生都感到自己和那些完成「真正的」作業的同學不一樣。

在進行差異化教學的教室裡，許多活動都要一一進行。所有學生藉由個別學習、小組學習、或全班集體學習來完成作業。有時學生選擇小組人數或學習任務，有時由老師來分配。成功的標準有時是由老師規定，有時則由學生自行訂定。設定成功的標準通常是師生一起討論出來的結果。因為學生之間存著太多差異，作業的安排沒有所謂的「常規」，也沒有所謂的「特殊」。老師運用「多元學習」來思考、設計教學活動以滿足不同需求，而不是以「常規」或「特殊」的準則來作規劃。每位學生的目標都是依他目前所在的「學習位置」之上作最大可能的發展。而教師的目標則是力求瞭解學生的學習位置，好讓學習任務更貼近學生需求。

小結

最後，所有學習者都需要老師全部的精力、心力與智慧。學生他們雖都同為年輕人，但在需要老師如何幫助他們這一點卻有所不同。除非我們對他們之間的差異進行瞭解並有所回應，否則我們會讓他們遭遇到學習上的挫敗。

在教師群裡，有的人致力教導學習困難學生，有的喜歡教學習程度較高學生，有的則偏好那些符合我們所教的年級像四年級、八年級、十一年級等預期形象的「標準」學生。擁有些偏好是符合人性的。教學有成的老師會在自己的教學生涯中，培養自己對那些難以教導的學生的欣賞之情，並同時持續從喜愛的學生身上汲取前進的動力。

差異化教學教室中的教師角色　第　章

常態編班進行差異化教學對老師和學生都很有意義。可是對多數老師來講,進行差異化教學首先必須進改變思維模式(a paradigm shift)。

教師在差異化教室裡所扮演的角色

使用差異化教學上手的老師也許可以指出他們和傳統教學的老師在哪些方面有顯著的不同。當老師進行差異化教學,他們不再把自己視爲知識的儲存者或傳遞者,而是學習機會的組織者。同樣是傳授知識,這些老師較少關注要知道所有的答案,而是多把焦點放在「理解他們的學生」。他們因此創造出不同學習方法以吸引學生,帶領他們學習。組織課堂內有效的教學活動與探索學習,是這些老師們的首要工作。

進行差異化教學的老師視他們的角色爲教練或導師。當學生可以自行處理時,會讓學生承擔更多學習的責任,並且教導他們如何應對。進行差異化教學,老師須培養自己以下能力:(1)透過不同方式評估學生的學習準備度,(2)「讀懂」並理解學生的線

索,包含其學習興趣與學習偏好,(3)創造出不同途徑,讓學生可以獲取資訊及想法,(4)發展出不同方式讓學生去探索、去「擁有」那些觀點,(5)提供不同途徑讓學生可以表達並拓展他們所學的知識。「資訊探索」能讓學生對於要學重要概念更感到具有意義。雖然我們多數人未曾受過這樣的教學培訓,但我們是學習者還在學習中。雖然我們無法即刻改變我們的教學方式,但我們可以試著透過整個教學生涯,轉變我們自己的教學風格。

最佳的教學實踐是要適合不同學習者

差異化教學需要教師把教室教學視為每日深入理解教與學之最佳處所,並天天提醒自己沒有一項教學方式是最好的教學實踐,除非它對每一位學生都有所助益。

舉例來說,我們大數教師都知道能夠「引起」學生們興致的課程具有許多優點。差異化教學亦認同這點,只是它更提醒著我們:某位學生感興趣的內容,有可能會讓其他學生感到困難、無

聊,抑或煩躁。差異化教學不建議教師得一直設計全套的內容與方法給每一位學生,但它卻強調教師大多時間須設計一套合理範圍的學習方式供學生學習,這樣一來,多數學生大部分時候會認為這般學習是適合他們的。

Ron Brandt(1998)提出一系列他認為高效能學習所具有的特質。表3.1列出「最佳教學實踐」的原則,以及各原則再進一步的推論,告訴我們真正的專家教學必定走向差異化教學。連結這些最佳教學實踐與差異化教學二者,有助於我們更加明白教師在差異化教室裡所扮演的角色。

學習如何引領差異化教室教學

很少教師可以立即明瞭如何管理好班級,或立即知道如何回應學習者所發出的不同反應。就像其他工藝技術一般,這是項需要學習的技能。也許不妨從這裡開始:在教師有意識反省自己在進行差異化教學同時,列舉出有哪些是須費時才能培養好的重要技能。若想自在地、得心應手地進行差異化教學的教師,不可避免要培養下列技能:

表3.1
與差異化教學相關的最佳教學實踐

最佳教學實踐（Brandt, 1998）：在這些條件之下，學習者之學習可達至最佳效果：	差異化教學：我們必須留意學生的差異性，是因為……
1.所學到的內容對個人而言深具意義。	1.由於學生不同的背景與興趣，無法保證他們每個人都能對同樣事物感到具有意義。
2.所學的內容具有挑戰性，而且他們接受這些挑戰。	2.因為學生的學習步調不同，對某些學生來說具有挑戰性的教學速度、教科書、或是學習任務都有可能讓其他學生感到挫折或無聊。
3.所學的內容與他們的發展階段相對應。	3.在每一階段，總是有的學生可以較具體性地思考，有的偏好抽象性思考，有的學生喜歡與同伴合作思考，而有的則傾向獨自思考。
4.他們能按自己學習風格學習，能自由選擇，能自主掌控。	4.學生的確不可能選擇以相同方式來學習，也不會做同樣抉擇，更不可能在相同變數下，都還能感受到自己能夠自主掌控。
5.他們運用所知的內容來建構知識。	5.因為學生不可能以同等能力理解同樣的學習內容，所以他們建構知識的方式會有所不同。
6.他們有機會進行社交互動。	6.學生會選擇所需的團隊合作方式，並選擇不同類型可以一起合作的夥伴。
7.他們得到有用的回饋。	7.有助於某生的回饋，不一定對其他人一樣有用。
8.他們習得並會運用策略。	8.每位學生皆需習得新的策略，並能運用在他們覺得有用的地方。
9.他們體驗了正向的情緒氣氛。	9.課堂氣氛對有些學生而言是相當正面，然而對有些學生則顯然不是。
10.環境能支持預設性的學習。	10.學生需要不同的鷹架輔助來達成群體目標與個人目標。

- 能組織並聚焦課程裡重要訊息、理解與技能，
- 能同時透析並考慮到學生個人與群體，
- 能洞察學生個體，
- 能避免受限於第一印象，解讀其背後的行為動機，抹除其刻板印象，
- 能讓學生表達自己，
- 能靈活運用時間，
- 能廣泛蒐集教學教材，
- 能考慮採用多種方式以完成共同的學習目標，
- 能診斷出學生需求，基於診斷結果，製作促進學習經驗的教學教材，
- 能預先設想到活動進行時，學生會出錯之處，並藉由活動設計指導學生如何避免潛在問題，
- 能與學生一起承擔教與學的責任，確保學生已經準備好擔任該角色，
- 能安排學生從事不同活動，並以此方式重新認識學生，亦同時協助學生重新瞭解自己，
- 能記錄學生在個人目標與群體目標上的成長歷程，
- 能組織教學材料與安排教室空間，

- 能給予指導，
- 能讓學生體驗成功的學習經驗，
- 能在教室營造出社群意識。

以下三項比喻將有助於你理解教師在差異化教室裡所扮演的角色。（你也可以想出屬於自己的比喻。）

教師是交響樂指揮。這比喻讓人想到這幅畫面：他，熟習這首樂曲、能優雅地詮釋它，帶領著一群互不相識、演奏不同樂器的樂手共同完成樂曲演奏。在排練中有時進行獨奏練習，有時進行樂曲段落練習，而有時則全團合奏練習。為了讓整體演奏表現得更有品質，加強每一位樂手的表現是有必要的。在最後，每位樂手造就了這場別具意義的表演，並贏得聽眾的掌聲（或輕蔑）。而樂團的指揮帶領整團樂手演奏音樂，可是他自己卻未演奏樂器。

教師是教練。優秀的教練不但對於團隊設有明確的目標，亦同樣設定目標給每一隊員。而平日的練習可能包括了一些集訓活動，還可能要求每一隊員進行自我訓練，以改善自己弱點並加強

個人優勢。教練有時像是心理學家，必須瞭解激發每個隊員的動力因素為何；為了優化隊員的技能，教練還會利用此點鍛鍊他們個人，甚至還提高其訓練難度。然而同時，教練必須營造出超越個人利害得失的團隊精神。不論是練習或是比賽，教練總是非常積極——在比賽場外來回奔跑、激勵隊員、給予指導，帶領教練團在旁邊於重要時刻調整策略。

教師是爵士樂手。結合了高層次音樂能力的即興創作，讓爵士樂手能夠思考著鼓內與鼓外的變化。爵士樂手掌控整場演出，能隨興添加音符、改變旋律節奏，有時隱居幕後，有時又現身臺前獨奏。所表演的爵士樂曲或長或短，流露的情緒是憂鬱哀傷或玩笑嬉鬧，均隨著樂隊臨場反應而定。爵士樂手對於爵士樂曲、樂器、樂隊的藝術技巧掌握與自信，讓她捨棄樂譜而就音樂、樂隊、聽眾的反應來即席演奏。差異化課室教學即是一首動人的爵士樂曲！

差異化教學實踐原則

在瞭解如何在差異化教室裡調整內容、過程、成品的具體策略之前，以下有幾項差異化教學通則，將有助於你進行課室教學。

• **要清楚相關的重要觀念、概論或原則，好讓你所設計的主題、章節、學習單元或課程被賦予意義或結構化**。很少學生可以累積、記憶在學習不同主題過程中所學到的大量資訊，更不用提如何組織或運用那些所學的內容。若課程聚焦在重要的概念和意義時，所有學習者就可能會表現得比較好。當所學的教材「含括」高達500頁時，要學生在有限的時間內從頭到尾讀完是困難的事。而另一方面，聚焦在關鍵觀點或概論，可以確保所有學習者得到高效能的理解，以利他們奠定基礎進行其他知識的延伸學習。關鍵的觀點或概論如同跳板一般，協助學習者在要學的知識與延伸的學習內容之間搭起橋梁。這些學習者有可能會發現他們在學校的學習經驗會如此更令人難以忘懷、更有用、更令人著迷。通常在開始設計課程時，你比須先

找出一些東西，就是你預期學生個人或全班在課程結束前得精熟的知識、理解或技能，然後再一步步「回推」，設計出如何讓你和你的學生一同往學習目標邁進的學習過程。

• **將評量看成你思索課程設計的指南**。學校經常視評量為考試。事實上，學生完成的每一件事，包括與他人討論的口頭表達、家庭作業，到興趣調查表的完成，都屬評量表現。當你開始蒐集學生在教室裡表現的所有相關的評量資料，你便已開始看到有許多方法可以得知他們的學習狀況。學校常常將評量看成是課程結束才進行的活動，藉此判斷哪一個學生是否「得道」。其實，評量在課程單元進行之初，甚至整個教學過程中，評量都可發揮其功效。就這些觀點來說，評量讓我們可以依據手邊現有的資訊，來調整我們的教學內容。學校經常只從閱讀與寫作來進行評量。雖說這二項對多數人來說都屬重要技能，但對於發現學生究竟理解多少以及用來當作學生的學習結果，單單藉由閱讀和寫作的評量表現來看，並不是最好的方式。在進行多元評量時要經常問自己此

一問題：「我究竟要提供什麼樣的方式給學生，才能夠展現他們對於課程的理解以及技能的熟習度？」如此一來，評量才能真正成為教學的一部分以引領學生邁向成功，並且能助其拓展其學習地圖，而不是淪為測量學習成效的工具而已。

• **提供給不同學生的課程應注重批判性思考與創意性思維**。以往的教學中，你或許未曾做到此項目，但它應該是你清楚明白要達到的目標。換句話說，對於弱勢學生，總是安排他們完成僅需背誦資訊以及理解一些淺白知識等「低程度」任務，這般做法值得商榷。所有的學習任務應是要求學生至少得理解並知道如何運用所學的概念。大多時候，所有學生應被要求使用所學到的訊息、概念與技能來解決沒有制式答案的複雜問題。比如：有些學生比其他人可能需要更多支持來進行論點陳述或辯護。有的學生受惠於研讀高等研究內容，進而建構出自己的論點。有的學生則利用迷你課程幫助自己寫出完整論述並找到其支持證據。而有的學生則可能需要透過口頭表達來幫助他們發展

自己的論點，且他們也需要同儕或成年者協助寫完他們的論點。有些學生可能需要使用非英文的素材來學習如何建構論點，或是一開始得用其母語來書寫其論點，然後再翻成英文。若說論證是一項重要的技能，那麼所有的學生就應該藉著適宜其學習方式的輔助鷹架來習得它。

• **課程應對所有學生都具有吸引力**。也許你並沒有時時達到這項目標，但它應為從事教育工作者之專業成長目標之一。雖說所有學習者有時必須不斷地進行技能練習以達到該有的精熟度，若其他學生早已知道如何使用此技能，而要求學習有困難的學生花上他們大部分的時間來操練這些基本的東西，此舉就不適宜了。其實我們知道很多學習困難者相當清楚這檔事：如果他們可以時常運用他們學過的內容來處理或解決問題、一些議題、困境或不知名的景況，學習對他們而言，將會變得更自然並清楚易懂（Means, Chelemer, & Knapp, 1991）。

• **差異化課室教學應該平衡學生自選與教師指定這二者的任務與作業**。二者的任務比重乃依每一學生狀況而定，會根據學生的能力、學習任務的難易度，以及課室環境等等因素而有所變化。但是所有學習者須常有機會自己選擇學習任務，且他們也需讓教師依據其學習概況，指派相對應的學習任務來練習。同樣地，學習困難學生不應總是獨自一人完成教師指派的任務，而其他學生也不應總是依他們自己的喜好進行與同伴合作的自選任務。

*　　*　　*

下一章節重點將放在學習環境，介紹有助於差異化教學進行的學習環境樣貌為何。

差異化教學教室內的學習環境

不論在哪間教室裡，教室內的氛圍都會深深影響身在其中的人，以及影響教室內部進行中的學習歷程。對於力求進行差異化教學的老師而言，教室環境的氛圍不僅是造就成功的要素。一個進行差異化教學的教室要能支持一群成長中的學習社群，並且反之亦然，這代表著老師要能引領他的學生建立學習態度、信念與行為，而這些特質會型塑一個真正良好的學習情境。

有效學習社群的特質

一個有效的學習社群具有以下的特質：

• **每個人都有歸屬感，也致力於讓其他人有同感。**許多事情都能讓學生感到自己受到歡迎，如：老師給予直接且正面的關注；同儕持正面的態度，肯定所有其他同學的存在；一間放滿學生親手製作、親手設計、看來且想來有趣的作品的教室；彈性且舒適的座位安排，提供了相當的舒適度。每天都要有一個時段，讓老師和學生談論這天發生的事情、或談論其

他的生活點滴，好將學習一事與學習者的世界相連接。不妨思考是哪些事物讓你進到鄰居家中、商店裡、或辦公室等地方時，會感覺自己備受禮遇或是不受禮遇，那你就能清楚地知道教室是否是個令你有歸屬感的地方，因為每個人都會有同樣的感受。也請記得，會感覺自己真心地受到一個地方的歡迎，大多是因為對方持續努力地想認識與瞭解你。

• **相互尊重是無需協商的**。我們會花時間與那些我們喜歡或瞭解的人相處，這是必然的。然而，若我們能瞭解到每個人都需要被他人接受、受他人敬重、擁有安全感、得到成就感等一般的情感，教室就能變成一個更好的空間。這會是一堂很重要的生命課程，瞭解到人不分性別、不分文化、不分學習速度、不分語言、不分服裝、不分性格，都會體會到人會有的情緒──痛苦、喜悅、懷疑與優越感。當我們的生命被視為珍貴的、值得敬重般地對待時，我們的生命會被造就的更好。在一間進行差異化教學的教室裡，老師要幫助學生區別他對於某人做出某事的感受，以及那個人本身的價值。老師要進而幫助學

生以有建設性的方式解決問題，就事論事，不讓某個人或某個團隊感覺自己微不足道。沒有辛苦耕耘是不會產生尊重的，而教師無疑地就是這個過程的催化劑。要記得，在一個禮遇他人且尊敬他人的教室裡，幽默感會扮演重要的角色，絕非挖苦與尖銳的字眼。

• **學生在教室感到安全**。安全感不但讓人預設某處無身體上的危險，也無精神上的危險。學生身處在一間差異化教學的教室裡，應該知道在他有需要時，尋求他人協助是一件好事；他要知道，承認自己不知道也沒什麼大不了；他會知道，一個認真發問的問題必會得到一個認真的答覆；他能知道，當有人說出不尋常或顯而易見的事情時，不會有其他人翻白眼；而他也會知道，毫無經驗的點子會得到機會發展，等等諸如此類的事。安全感意味著，當我嘗試一項新技能、拓展自己的努力、或冒風險想出一個新點子時，我不會被認為愚蠢或駑鈍。當你覺得真實的自我被接受、被珍視到每個人都想要幫助你變得更好時，安全感就油然而生了。

• **瀰漫對於成長的期待**。差異化教學教室的目標，就是幫助每位學習者在一般能力與特定才能上，盡他（她）能力所及有所成長。教師能樂見獨立學習者與班級整體的成長；學生能記錄他們自我的成長，能夠暢談他們自己的學習目標；以及談論有哪些方法可達到目的。所有的成長都值得記錄：有的學生的成長可能僅是弄懂分數的概念；而有的學生的成長，可能是他瞭解分數、小數與減法之間的關係。在差異化教學的教室裡，每位學生的成長都是一件值得慶祝的事情，而一個人的成長絕不亞於另一個人。

• **教師為了成功而教**。有些時候，學校展現的是一種「我逮到你了」的教學方式，測試教師是否能問出一個問題，或設計出一個考題困住學生。然而，在一個差異化教學的教室裡，老師的目標就是定位學生的能力，它和預定的學習目標之間還差距多少，然後提供學生更多的學習經驗，這些經驗不是為了讓他感覺舒服自在，而是推動他稍微前進、加快步伐。當學習者真的很用心完成任務時，老師要確定有提供必要且足夠的支援，協助學生完成原以為遙不可及的目標。我們稱這樣的協助為「搭鷹架」（scaffolding），圖4.1列出在課堂中一些普遍的搭鷹架方式。「鷹架」指的是那些，凡能讓任何學生從原有的知識技巧，進展到下一層次的知識技巧，此一過程中所需的協助。在一個理想的差異化教學的教室裡，教師要能持續提高每個人邁向成功的賭注，接著採取任何凡能幫助學生成功邁進下一步的舉動。記住，每個人的下一步不見得是相同的，也記住，每位學生都需要搭鷹架才能延續學習。

• **顯而易見的新式公平**。我們總以為相同地對待每個人，就是教室裡的公平，然而，在差異化教學的教室裡，公平需被重新定義。在差異化教學的環境裡面，公平意味著，確保每位學生得到他所需要的事物，進而成長與成功。學生和教師都是這個團隊的一分子，雙方要確保這個課堂在每個人身上都運作得當。

• **師生合作尋求共同成長與成功**。身在差異化教學的教室裡，就如同身在

圖4.1

搭鷹架：提供學生所需的支持，幫助他們順利完成具有挑戰性的工作

- 給予更多（或更少）結構上的指示
- 利用錄音機幫助應付他們能力所不及的閱讀或寫作
- 圖示有助於詮釋文字內容
- 重新教學／延伸教學
- 示例
- 清楚說明成功的標準
- 共讀夥伴（要有適當的指示）
- 雙向反思札記（有適當的難度）
- 文本串連策略
- 多重模式教學
- 實作教學（在有必要時）
- 揀擇適合學生閱讀程度的材料
- 使用導讀
- 使用組織架構圖
- 新文化講座

註：「挑戰性的工作」指的是那些稍微超出學生學習舒適圈的功課或任務。

一個大家庭一樣，每個人都得為他們自己與他人的福祉承擔更多的責任。在這樣的情境底下，教師顯然是這個團隊的領袖，而學生協助執行教室裡的例行公事。學生要能樂意解決問題與改良份內事務，學生要能幫助彼此，能夠追蹤自己的任務，諸如此類。在任何時候，不同的學生都能準備好扛起不同分量的責任，但是所有的學生都需要被引領。這不僅對差異化教學的課堂很重要，也在生命裡的成功占重大的一部分。

教師負責決定課堂環境的氛圍。而這個甜蜜的負荷，讓教師能幫助學生型塑正面積極的生命。教師就跟所有人一樣，不願有重蹈覆轍的事情，想擁有值得緬懷的好時光。但我們其中，沒有任何一人能夠獨力做好每一件，我們早已有所選擇和詳細規劃的事物。我們只能

在擬定我們期望學生習得的事情上面，一項又一項調整到更好，而這些事情包括工作上的喜悅、對彼此的喜悅、耐心、善良、與一顆寬容的心。這些東西能幫助學生建立起更堅實、更有報酬的生命。而藉由幫助學生做到這些事情的老師，也會因而變得更有智慧、成為更好的專家。

鋪設通往尊敬與成功的道路

與上述偏哲理性的指示相比之下，以下的兩項具體建議，能夠幫助教師在差異化教學的教室裡面，營造正面積極的學習環境。這兩項建議不約而同地主張在差異化教學的教室裡，學生都需要成功地完成合作。

• **持續引導學生成為團隊裡有貢獻的一員**。身為教師，我們常在孤獨中工作，少有與有效率運作的團隊合作的第一手經驗。然而有時候，若想知道自己該如何讓學生能夠在小團體合作的情境下運作，我們只消觀察自己班上團隊的運作情形，記下成功運作與運作失敗的組別各自的特質，接著設計任務，並給予學生指示，讓他們能更有效率地相互合作。記住，如果你讓學生學著設定目標、反思、並解決問題，他們會（也應該）幫助你形成有生產力的隊伍。圖4.2提供你建立一些方向，指引你如何建立有生產力的團隊。圖4.3則告訴你團隊合作的範疇有哪些。

總而言之，你要記得，倘若學生知道自己該做什麼、知道如何完成該做的事、知道自己該對組員抱持什麼期待，以及知道工作歷程與工作成果的品質是由哪些事物所構成時，那麼他們的團隊就會運作地更上手。你要知道，一個有效能的任務，得要每位團隊成員的付出都具有意義，在一個團體裡，只有某幾個人知道所有的答案與技巧，而其他人相較之下顯得能力不足，是不可能產生有效能的合作的。團體不應該打造出一個城堡體制，讓班上某幾位同學永遠都是老師，而其他人總得受教。同時記住，要讓團隊裡那一、二位，就算得到你與組員們的協助，也一時無法成功地完成份內事的成員，能有尊嚴地「轉換跑道」，指派他們別的任務，讓他們去處理眼下能立即完成的事情，而不要苛責他們的表現。

図4.2
老師用的團隊合作清單

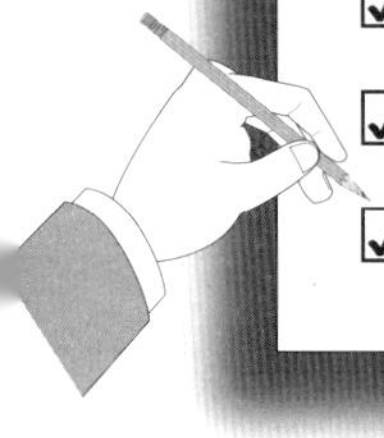

☑ 學生瞭解任務目標

☑ 學生瞭解自己該做什麼，才能讓整個團隊運作順利

☑ 任務與目標相符（帶領學生瞭解自己該知道、該懂、能夠做的有哪些？）

☑ 多數學生覺得任務很有趣

☑ 任務能讓每個組員依據自己的能力與興趣做出重要的貢獻

☑ 對各組與組員而言，任務頗具挑戰

☑ 任務需要團隊真誠的合作，達到相知相惜

☑ 時間表緊湊（但不僵化）

☑ 學生對於自己是否瞭解任務的各個面向，要負起責任

☑ 無法和組員順利合作的學生，能有「退場機制」

☑ 在審視任務成果的品質的過程中，會有老師或同儕的協助指示

☑ 在用心完成工作之後，學生知道下一步該做什麼

• **腦中隨時能有彈性地進行分組。** 在一間差異化教學的教室裡，你將時常基於學生的能力、基於他們對一件任務的喜好、與他們要如何才能學得比較好，而做出個人認爲最好的判斷，爲他們量身打造課程。在這樣的時刻，你很有可能想要指派學生去做你認爲他適合的工作。在其他時候，你或許想要學生跟坐在他附近的同學，或者是跟先前指定的同學，一起快速激盪出一個想法。又乾脆想讓學生跟坐在自己同桌的同學一起合作，或是搬動桌椅讓四人圍成一個小圈子。有時讓學生選擇他們的組員，或有時，他們會需要、或想要自己一人工作。

運用各式各樣的分組策略，可以讓你在必要時搭配學生與其任務，然後觀察與評估學生們在不同的分組方式底

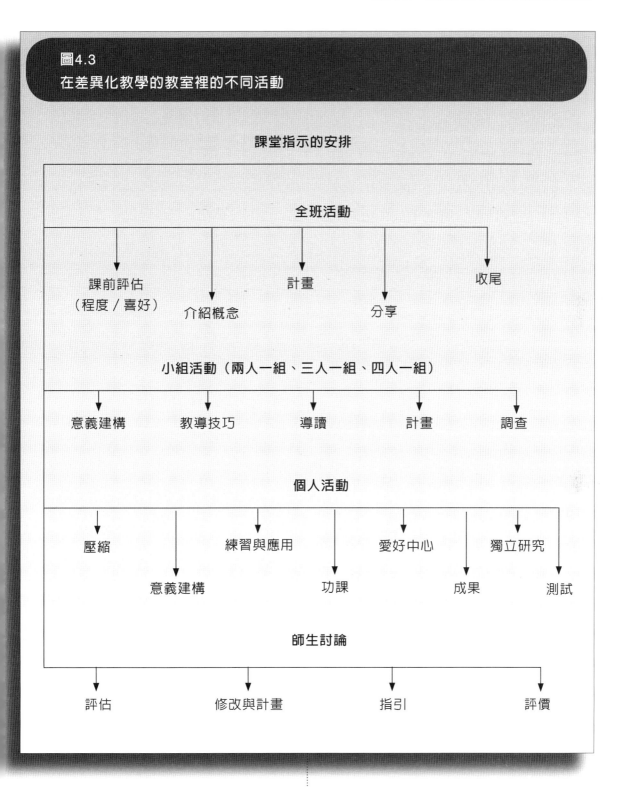

圖4.3
在差異化教學的教室裡的不同活動

課堂指示的安排

全班活動

課前評估
（程度／喜好）

介紹概念

計畫

分享

收尾

小組活動（兩人一組、三人一組、四人一組）

意義建構

教導技巧

導讀

計畫

調查

個人活動

壓縮

意義建構

練習與應用

功課

愛好中心

成果

獨立研究

測試

師生討論

評估

修改與計畫

指引

評價

下，以及在不同的任務情境中的模樣。「保持彈性」，可以不讓學生覺得自己被「釘死」在某個身分裡。在以一課為單位的課堂裡，有時讓相同程度的學生一起合作或與老師合作，會很有用，不過也要在其他時候允許不同程度的學生協力合作完成任務，讓他們皆能覺得這樣的合作充滿意義。或有時讓有相同興趣的學生針對他們共同關心的事物著手研究，有時也讓擁有不同專長的學生，從不同的角度審視一個論點或主題。

圖4.3顯示，當老師在進行差異化教學，在某一課單元開始之前，安排彈性分組時要自問的是：「上這個單元時，什麼時候要全班一起合作？我該在什麼時候進行小組活動？學生要在什麼時候自己完成任務，才能達到學習上的意義？我該在什麼時間點安排時間跟每個人談談？彈性分組是對所有學習者的一種敬重，尊敬個體差異、尊重合作、為了達到成功而教、且達到差異化教學的教室內合作。」

* * *

下一章將提供各種方案給不同年級與不同科目的教師，運用這些指引，轉變他們在課堂上的角色。

差異化教學教室的課堂實況

　　差異化教學並沒有固定的配方，教師依據他們各自的性格、他們任教科目的屬性、他們任教的年級、以及他們班上學生的學習屬性，以各種方式打造出差異化教學的課堂。雖然差異化教學沒有配方，但是這些教師們卻至少有兩個共通處：一是他們相信學生的學習需求大不相同；二是他們相信在教室裡面，若是學生能成為主動的學習者、決策者、以及問題的解決者，這樣的課堂會比那些學生僅是資訊的被動接受者的課堂，要來得更自然也更有效率。

　　雖然差異化教學並沒有固定模式可循，但是略窺以下幾個差異化教學的課堂實況，會有助你去想像自己如何在班上運用差異化教學。接下來的「導覽」將含括適合所有年級、所有學科的差異化教學情境。

伊敏老師與她的一年級生

　　正值早春時節，伊敏老師班上一年級的孩子正在拓展他們的閱讀程度，他們對不同的主題的興趣正萌芽。伊敏老師她採用一種有彈性的閱讀計畫，這個計畫顯示出學生之間的差異性。每星期，伊敏老師都會在班

上貼出一張閱讀計畫表，班上的學生會在計畫表上面找出自己的名字，有時候他們還得到圖表上指定他們要去的教室某處。

以一星期來說，伊敏老師班上的孩子最多可能在五到六種分組模式下進行閱讀。有時候全班聚在一起，一起聽一個故事並接著討論；有時則有同學主動帶讀故事裡的不同段落；有時候，一組同學會跟著老師一起學習解碼與閱讀理解的策略，或是跟老師閒聊何為閱讀，單純地享受意見分享的喜悅；而有的時候，學生會跟同儕一起閱讀，這些夥伴跟他一樣對某一主題感興趣，姑且不論他們的閱讀程度是否相同，老師都可以為他們找到同一主題、但不同閱讀程度的書籍供他們閱讀，而他們也可以閱讀同一份文本，只是每個人閱讀的比重略有不同；學生也可自行閱讀，他們可以從收藏了不同主題書籍的借書箱裡面，找出自己感興趣的書，他們也可以在以顏色標記閱讀程度的書籍裡，找到符合自己閱讀程度的書籍。有的時候，學生可以跟某位嗓門較大的同學一組，一群人輪流朗讀，或是由老師安排他們「合讀」，由聲音較宏亮的組員帶領其他同學一起閱讀。這樣彈性的閱讀安排，可以讓教師針對某些特定的教學需求，提供學生以興趣為基礎的研究，讓學生與他人分享自己的閱讀技巧和興趣，並和全班一起閱讀。

（標註：更多關於彈性閱讀教學的內容，可參見：1996年出版，Fountas與Pinnell合著的《領導式閱讀》〔*Guided Reading*〕；1999年出版，Fountas與Pinnell合著的《配對讀者與書——在領導式閱讀中使用分級書籍》〔*Matching Books to Readers, Using Leveled Books in Guided Reading*〕1992年出版，Haggerty著，《讀者工作坊：真正的閱讀》〔*Readers' Workshop: Real Reading*〕）

蕾莉老師與她的三年級生

蕾莉老師使用過很多的差異化教學策略，但她覺得其中用起來最上手的策略是學習中心（learning centers）與興趣中心（interest centers）。蕾莉老師她過去根據所有學習者都需要接觸同樣資訊的假設，習慣先把班上分成好幾個

中心，然後安排學生走過一輪。可是，現在的她會先根據班上學生的學習屬性，然後設計出各種中心，接著依據她自己對學生學習程度正式與非正式的評估，再指派學生到他們該去的中心。即使被她指派到某一個學習中心，學生他們也都可以再選擇自己想做的事，展現出他們的興趣與學習喜好。

像在今日課堂上，所有的學生會被分到兩個讀寫學習中心的其中一個裡面，兩個學習中心都以學生已讀過的傳記做為主題。不論在哪個學習中心，學生都可以選擇要自己一人一組、兩人一組、還是三到四人一組。

在其中一個中心裡面，學生要先選出一個他們已經讀過的人物，接著畫出這個人早年的生平並且為他的生平加上註解，然後在他的生平事件中，選出他們覺得重要到足以定位這個人的生命的事件，接著他們得在一張紙上寫下有哪些事件、解釋他們做出的選擇，或者用故事圖（storyboard）畫出這個人物生平的重大事件，或者在下一次的分享時間演出這些重大事件。不論他們決定用哪一種方式呈現出他們的理解，重點是，他們都得針對自己閱讀的人物生

平，辨讀出當中的要旨。

而在另一個程度較高的讀寫中心裡，學生得從他們讀過的傳記中選出一本，再搭配他們曾讀過的、關於一個年輕人的虛構小說，然後寫出他們自己與其他三年級的同學曾經歷過的真實生活事件。他們得先比較這三本與成長有共通主題的文本，並接著設想出一種方式，去呈現這三樣作品的主題是如何地在不同的文本裡面被展現。蕾莉老師她給了學生三項建議：一是主題樹、二是高潮、三是傳記主人翁、小說主人翁、與三年級生三人間的對話或兩兩對話。

有的同學在他的讀寫中心當中進度較快，所以在活動之後，他們會在自己的位置上書寫經過差異化處理後的數學作業，而其他學生的順序則可能反過來。

在同一星期裡，蕾莉老師也會實行興趣中心的策略，她在進行以傳記為主的學習中心的同時，她也安排興趣中心，讓學生去探索演戲的技巧、學習如何畫出廣告和動畫電影的故事圖、或觀看光碟片以認識他們感興趣的某位名人。蕾莉老師她也會提供與科學或數學相關的主題，而學生可自己選擇他想參

加哪一個興趣中心。蕾莉老師班上多數的興趣中心都會進行長達二個星期或更久的時間。

黑石老師與他的六年級生

黑石老師在學期中任教科學與數學，本週黑石老師他正上到慣性。爲了要介紹這個單元，黑石老師首先採用全班集體上課的方式，確保所有的學生都能先抓住重點，接著學生要在兩個實驗裡的其中一項實驗當中，學習更多關於慣性的知識，而這項實驗會幫助學生瞭解、分析、與運用和這個單元有關的重要原理。兩項實驗中，有一項實驗會比另一項實驗處理更多面向、更複雜、更模稜兩可的問題。黑石老師根據他對這個學生長時間的觀察、上課時師生之間的對話、以及學生每次離開教室前都得在紙上寫下慣性的重點原理後，才可以離開教室的「下課卡」，而由他來指定學生進到他認爲比較適合他們的組別。

在這項實驗之後，學生還得接受考試，檢核他們在上課與實驗之後到底學到多少。考試成績高的同學可以開始做火箭研究，他們可以自己一人一組或跟其他通過考試的同學一組。而成績不理想的同學則進行較不一樣的火箭研究，他們的研究計畫更有組織，確保他們會再遇到、再應用到慣性的重要原理，而黑石老師本人也會跟這組同學一起實驗，引導他們的想法，讓他們能夠運用所學。黑石老師他偶爾也會走過去幫忙另一邊的進階組，推動他們的想法，而絕不當他們的「大夫」。

在長時間的小組合作下，黑石老師他越來越瞭解他的學生，也瞭解了他們的想法，由於黑石老師他本人很享受自己任教的學科，也享受教導學生的感覺，所以他班上每位學生都十分期待能擁有與他本尊一起實驗的機會。

潔妃老師與她的八年級生

潔妃老師她下定決心，想要讓她班上的學生瞭解到歷史乃是眞實活著的，所以她班上的學生常常得做研究計畫、探索時空轉變下共通的歷史主題。潔妃老師她設計了一項研究計畫，她安排學生去調查他們自己所居住的維吉尼亞鎮，調查這座城鎮曾在內戰時期經歷過哪些事情。全班同學先從教室裡面現有

的資料開始閱讀、看錄影帶、以及去圖書館找尋資料。在這些活動裡面，學生得在自己的學習日誌上面記下他們覺得有用、可以拿來當背景材料的資訊，接著從潔妃老師她所提供的參考書目與清單裡面，揀擇自己想要的資料來源。潔妃老師也會透過她與學生個別的談話，根據她對於這個學生的學習興趣與閱讀的理解程度、和她認為學生可能會感興趣的主題，再多加開給他一到二筆的參考書目。除了在教室與圖書館，學生常常得再多找出至少一項資料來源（潔妃老師開出的資料來源範圍，它包括了與校內其他老師討論、訪問已經做過這項作業的學長姐、或者去附近的公立圖書館或博物館找尋資料）。

當學生在班上或圖書館查找資料的時候，潔妃老師會鼓勵學生進行循環賽討論（round-robin），學生要相互討論他們覺得有趣的資料來源與想法，他們的手邊會有一張暫時擬定的主題清單，清單上面記錄著他們日後或許會研究的主題，像是：內戰時期維多利亞鎮的行醫情形、鎮內的疾病模式、經濟情況、當時與現在的建築與房舍的不同、當地居民在軍隊裡面的角色、內戰時期

鎮上的政治情況、以及內戰時期的辦學或教育等議題。在二到四天內，學生得決定好他的研究報告的第一順位與第二順位，然後把他的排序交給潔妃老師。

接著，潔妃老師她會根據學生的研究主題與研究能力進行分組。有的時候，她會安排五到六個能力不同的學生一組，而有些時候，她則讓有相同能力、相同興趣、且能夠合作愉快的學生兩人一組。彈性的分組策略能夠讓潔妃老師針對有能力以及有需要老師更多指引的學生，分別裁剪出適合他們的研究計畫。

不過，潔妃老師的課堂有一項重要原則，這項重要原則就是跟同伴工作的重要性。任何小組的學生，他們都可以向另一組的同學尋求建議或要求某項特殊任務的協助，像是電腦能力、繪圖、或編輯。她每隔幾天也會安排跨組討論，讓兩人一組，要求他們彼此分享想法，造福其他正在做相似研究的學生們。教室裡的氛圍是為了達到共同成功的途徑之一，它不是用來促進學生為了少的可憐的獎項在競爭。潔妃老師她會跟她的學生商議報告內容、報告格式與成果報告品質的給分標準，有些給分標

準適用於全班每一位同學，而有的標準則僅適用於某一組或某項個人作業。

潔妃老師她很仔細地設計這個活動計畫，這項計畫既清楚定義了每個學生「個人習慣上」應負的責任，它也清楚要求每個組別必須得釐清他們如何處理那些曖昧不明、模糊的工作責任。每個學生他都有機會為全組的報告做出明確的個人貢獻，他們所做的事情既對個人極有挑戰性，也相當有趣，而所有參與這項計畫的學生，最後他們也都能在協商與團隊活動技巧上有所長進。

雷克老師與他在中學部的數學課學生

雷克老師發現到，學生在上到代數第二冊的時候，他們數學的程度差距就已經拉開了。有的學生在開始上課前，他們似乎就已懂得這個章節的主要原理，而有的學生眼歪嘴斜，看著其他同學把答案寫在黑板上的時候，他們仍是一臉的茫然，而多數處在中間程度的同學，他們能抓住原理，但是還需要老師一再解釋或者要隔上一段時間才能瞭解原理。

當雷克老師只用一種方式，也就是說，他只用全班集體授課的方式來滿足每個人的需求時，雷克老師發現這招並不適用多數的學生。所以，他開始換個角度思考他任教的班級，而現在，雷克老師在開始上新單元的時候，他不是在上課前、就是在課後三天，他提供學生一個機會跟他「訂契約（compact out）」。「訂契約」的方式是這樣進行的：在雷克老師開始上新的單元之前，他的學生先考這個單元的課後測驗，凡是能在這項測驗中展現出充分能力的學生，他們就能針對世界上其他的數學領域進行下一步、獨立的研究，雷克老師他會給這些學生教戰守則，讓他們進行自己的獨立研究，但學生們得自己選擇特定的領域並設計出自己的研究計畫，有時他們可獨力完成，有時可小組進行研究，必要時，雷克老師會加入他們，紮穩他們的研究方向。

雷克老師班上的學生很喜歡這項「訂契約」的選項，因為它給了他們一個機會去研究他們感興趣、卻在中學時期沒有機會深入審視的主題，像是電腦、天文學、建築學、醫學、與經濟學。進行獨立研究的學生可在課堂上進

行作業（只要他們不打擾到其他人），他們可以要求上圖書館，或是在數學課上做其他科的作業，好空出更多課後時間完成自己的研究報告。每個學生都得畫出自己的時間表、排出各項行程的作業時間、排出碰面討論時間的期限、以及記錄下作業報告與想法內容。

當其他學生完成了新單元的所有作業內容之後，全班每個人都要再考一次總結這個單元的測驗。這個作法是為了確保那些「訂契約」的同學都還記得這個單元應習得的技巧，雷克老師也能再度確認每個人是否都懂得單元內容。在考試之前，雷克老師常花兩天時間進行同儕複習，他藉由把不同能力的同學分在同一組的方式，讓所有的學生一起合作完成複習內容。

等到下個學期開始的時候，少數幾個在前一學期因為程度不夠好到能「訂契約」的同學，他們會提升到一個程度，他們能選擇要不要和老師「訂契約」與進行獨立的數學運用研究。而少數幾個在前一學期曾「訂契約」的同學，可能會在第二個學期比較想和班上同學一起上課。而也有少數幾個在前一學期曾「訂契約」的同學，他們則想在

第二個學期繼續下去，他們設計出的研究計畫經常是前一學期的延伸。

針對沒有「訂契約」的同學們，雷克老師則採用一項兩階段的研究計畫。首先，他以合作學習分組的方式，讓那些已經能運用原理的學生們先獨自練習，而對於那些還在掙扎中的學生們，這群學生則在每一節課的一開始，就先跟著雷克老師一起上課，而雷克老師藉此能好好瞭解這些學生的想法，並幫助他們專注學習他們缺漏的概念與技巧。而在課堂時間的後半段，當原本跟著雷克老師學習的這群學生正兩人一組地進行運算作業時，雷克老師則回過頭去檢查那些沒有他的指導、自己正在進行練習的組別。

雷克老師他發現這樣的三分法策略他相當上手，他的學生也很受用。他開始鼓勵他所有的學生進行數學運用的研究，這份研究可作為學生個人的學習檔案。雖然，有些學生的研究計畫並沒有像其他同學的計畫一樣複雜或耗時，但是這些研究計畫給了所有學生一個機會，讓他們以不同的角度看數學，並且探索自己的興趣。舉例來說，有些學生藉由造訪與訪談在他們社區裡、在工作

上會運用到數學的人們身上，學到了數學在課本與教室之外，還可以怎麼樣運用在生活裡。

老師的工具箱

以上五位老師使用了各式各樣的教學策略，把教學的內容、過程、與成果搭配了學生們的程度、興趣、與天分。所及的策略包括了興趣中心與學習中心、能力混搭與能力相對應的合作社群、同伴學習、經過商議後才訂立的評分標準、訂契約、獨立研究報告、以及同儕複習。（可詳讀附錄，裡面提供詳細明確的清單以及其他適用於管理差異化教學教室的教學策略。）

* * *

下一章提供了17種「大策略」，方便你避免老是使用一招走遍天下的教學方式，轉而朝向設計自己的教學策略前進，下一章節會教你如何提供學生多樣的學習方法與合作方式，好讓你能夠個別地挑戰你的學生。

管理差異化教學教室的策略

對於許多老師來說，管理一間差異化教學教室時，內心深處的不安常會蔓延成為一種恐懼，而這股恐懼會阻止教師，令他們不敢嘗試使用以學生不同興趣與需求做為基礎的教學策略。其實許多老師並不知道，他們在處理多重訊號與扮演多種角色上有多麼地厲害。事實上，那些能讓老師成功地管理複雜教室環境的技巧，它們正好同樣能帶領老師成功管理一間差異化教學的教室環境。

對於學生和老師的好處

皮亞傑（Piaget, 1969）他曾說過：「如同醫學以及其他和藝術與科學習性相通的知識領域一樣，教育最令人心碎的困難處在於，它是最好的方法，往往也是最困難的方法。（第69頁）」雖然管理一間差異化教學的教室並不容易，但是往這個方向努力，可以讓學校變成一個更適合多數學生的地方，也可以讓教學變得更令人滿意、更振奮人心。

管理差異化教學教室：基礎篇

　　值得你付出努力的事物常是很有挑戰性的──但它值得。以下有17個策略，當你為學習者設計與使用差異化教學策略時，這些策略能幫你成功地解決你所遇到的艱難挑戰。

1 以學生的程度、學生的興趣、與學生的學習風格作為基礎，你必須擁有一個強而有力的理念支持你進行差異化教學。然後，你要多跟你的學生與學生家長分享你的想法。有時候，教師若想營造出課堂情境的新意象，想把教室當成一個流動、多變的空間，並且希望提供學習的多樣管道的時候，教師應該讓學生與他們的父母親參與整個過程。如果你肯讓他們瞭解你對教室的新想法，並且讓他們也對這個課堂有所貢獻，他們最後就會接受你的作法。倘若少了你從旁協助，他們或許會誤以為你正在「違反遊戲規則」，接著他們會對你的作法感到困惑，甚至是抗拒。所以，溝通策略很重要，下一章會更鉅細靡遺地告訴你該如何準備好自己，也如何幫你的學生跟學生家長準備好，大家一起去面對一間將以學生做為中心、進行差異化教學的教室。

2 採用差異化教學之初，前進的步伐應以自己感到舒服為主。有些老師很早以前，就已經在他們的課程與教學當中進行了多次的調整，這些調整顯示出教室裡面的學生之間有很大的差異性，所以這些老師只需要再多一些額外的指引，他們就可以在差異化教學上大步邁進。不過，其他較無經驗或者對自己較沒有自信的老師，可能需要跨得小步一些。即便是身處在同一間教室裡的學生，他們之間都有很強烈的對比，更何況是老師：同一份老師指定的作業，有些孩子能像豹子一樣騰步飛越，有些孩子則得慎步前進。真正重要的是，學生以及老師分別從各自的起始點所做出的進步，而不是他們都做了相似的工作。

　　你或許可以輕鬆地想像自己正在運用各種學習資源，像是使用不同的文本、使用程度不同的補充教材、使用各式各樣的電腦軟體程式、或者是採取同儕指導；另一方面，你或許可能比較習慣在班上採用統一文本，但是允許某些

46

學生可以提早讀完它，或者你會安排不同的活動，讓學生以他們自己的步調讀懂文本；或許，你會覺得讓學生在他們的學習成果上展現差異性，這對你比較容易；安排小組作業、針對學生學習程度、興趣、或才能而調整過，這可能更像是你的風格；又或者你還不想先學著在小組作業上展現差異性，你比較想先學著在班上採取分組教學，對於指揮分組教學才能多些技巧與信心；如果你身兼多科，你或許想先從你最喜歡的科目下手；如果你每天都教不同批的學生，你或許會覺得從跟你相處最好的班級開始，著手進行你的差異化教學，對你會比較有利。總之你要找出你自己的準備點，然後從那裡開始出發，對你和你的學生都很重要。如果你完全不打算進行差異化教學，這樣的確能保證你完全不會有任何進步；但一開始就太貪心，也只會招致沮喪和挫敗。所以，從你能做得到的地方開始做，並且為自己畫出時間表，圖6.1（見下頁）列出了一些差異化教學的方法，這些方法可以讓老師少花一些時間準備，而其他的方法也花不了老師太多的準備時間。想要能自在地運用差異化教學，且不至於讓它占據

你生活的一種方式，就是先選出一些不太耗費時間氣力的策略，並用一年的時間持之以恆地運用它們，接著再選出一個你上手、可是較費氣力的策略，在每個單元或每個學期運用。到了第二年，你就可以開始磨利你前一年所採用的低階與高階的策略，並再多增加一到兩項低／高階的策略。一路累積下來，你就可以在四到五年內找出屬於你自己的道路，打造出一間具有高度差異化教學的課堂，而不會自始自終感覺到自己快崩潰了。

3 不同活動分配不同時間，幫助學生成功學習。有的學生能長時間地進行團體或個人獨立作業，有的學生則沒有辦法做到。因此，在你設計活動與作業時，要記住兩件事情：(1)學生對單項任務的專注力較短。(2)程度較高的學習者往往有著較長的專注力，因此當你指派任務給某個對於特定領域有極高興趣與能力的學生時，比起那些不論在興趣、才能上都沒有那麼強大的學生，前者要給予更長的課堂時間，時間的長度，或許是一天、或許是一週。這樣的教學設計相較於一個他們一開始就

圖6.1
不怕慢，只怕站

較不耗心力的差異化策略

多樣選書
多種作業選項
安排共讀夥伴
多種週記提示
多軌
錨式活動選擇的多種步調
師生共設學習目標
獨立／合作學習
全體到個體或個體到全體的解釋
彈性座位安排
多樣的電腦軟體程式
單日設計
多種補充材料
多種表達手法的選項
同一架構圖的不同鷹架組織
「說話要算話」計畫
電腦導師
根據準備度、興趣、學習風格構成的思考─小
　組─分享
集體、獨立、與合作學習
開放性結尾的活動
可重新教導或延伸技巧的迷你工作坊
拼圖式學習法
協商後的給分標準
以興趣為主的探索
用於練習資訊熟稔度與技巧的遊戲
多層次問題

較耗心力的差異化策略

階梯式（遞升）活動與實驗
階梯式（遞升）成果
自主學習
多層次文本
替代評量方式
學習契約
4-MAT學習風格
多元智能選項
根據準備度進行的拼寫
入口點
多樣架構圖
與組織架構圖結合的演講
社群支持
興趣小組
階梯式（遞升）中心
興趣中心
個人待辦事項
文學圈
分站教學
複雜指令
小組探索
錄音檔
小隊、遊戲、與循環賽
選擇板
井字思考圖（Think-Tac-Toe）
模擬
問題導向學習
分級式給分表
彈性閱讀格式
以學生為中心的寫作格式

容易上手的目標，學習者更能夠擁有一份天天可以爲之奮鬥的目標，這更能夠幫助學生堅持做完他們的作業。而教師若想要達到這個教學目的，關鍵就在於讓學生能在這些作業裡面獲得成就感。

4 使用「錨式活動」空出你自己，你才能更專注在你的學生身上。在差異化教學的教室裡，「時間上的參差不齊」是必然的事實。你的目標並不是要求每個人在相同時間內，完成所有作業。因爲毫無疑問的是，當有些學生完成作業的同時，絕對還有同學還在做作業。所以教師若想維持一個具有高度生產力的工作環境，並且能夠善用每一分鐘，那麼要如何使用特定的活動，好讓學生能夠在做完自己的作業之後，能夠馬上自動執行下一件事情，這對教師就十分重要了。幾乎在每個班級裡面，學生三不五時都得參加像是閱讀、寫作、整理檔案、以及演練（包括拼寫練習、計算、算數、與字彙記憶）等活動。這一類型的活動就是「錨式活動」。當學生確實地完成既定作業之後，錨式活動就是學生其他的作業選擇。教師一開始就要先教導全體學生如何獨立地、安靜

地做自己的作業，接著安排他們當中一半的人進行「錨式活動」（活動會依據學生的準備度和興趣來設計），而另一半的人則進行以他們的需求設計的、內容導向的不同活動。如此一來，你就不會在一開始執行時，就感到自己分身乏術。因爲班上大多數的學生都在做他們自己就能處理的事情，所以你得以空出時間，轉而去指導學生做比較新、他們比較「難預測」的作業。在這之後，你還可以嘗試用彈手指當成指令，暗示那些原本在進行錨式活動的組別，轉而做以內容爲主的活動；而原本在進行內容活動的組別，則轉做錨式活動。等到你覺得自己準備好了，你還可以讓三分之一的人做錨式活動，另外三分之二的人分別做兩種不同的內容導向活動。勇於接受任何可能的排列組合，勇於做任何凡是能讓你和你的學生融入一個視多元學習管道爲常態的學習環境的事情。你的目標最終乃是讓所有的學生知道，當他們完成一項指定的任務的時候，他們必須自動地移往一項錨式活動，並且得仔細且用心地完成它。

5 仔細地擬定指令，仔細地傳達指令。發號過於複雜的指令，你只會讓全班感到困惑，並且浪費太多時間在說明誰要負責做什麼上面。因此比較好的作法是製作、發放任務卡片或學習單給各人或各組，或者在前一天就先挑出少數幾個負責任的學生，先跟他們解釋隔天作業的內容，那麼他們屆時就能跟自己的組別說明內容。教師也可以先錄下作業的指令，如果指令本身太複雜的話，學生有需要時就可以自己回頭重播，這對於有閱讀障礙或是有排序理解障礙的學生特別好用。教師們務必記住，你得先仔細地思考過你給的指令，你要先預測學生可能會產生的問題，然後在你給的指令的明確度與活動的挑戰難度之間尋求平衡。另外，如果你的指令會要求學生在教室裡面，從一個地點移往另一個地點的時候，你最好明訂移動的時間長短（時間短通常比時間長要來得好，但也不要短到害得學生得用衝的）。教師必須營造出一個有秩序的移動過程。

6 流暢地指派學生分組或就座。一一唱名，然後指派學生到各組或到各定點就座，這實在是個龐大且煩人的工作。你會發現如果你用幻燈片投影在黑板上，用顏色標示學生的名字或是他們的組別，整個分組或就位的過程就會比較順暢，也可以方便你告訴學生該去哪裡回報進度。此外，在牆壁上張貼圖表也很有用，特別是對於那些工作時間延長的組別而言。另外，對於低學齡的孩童而言，插釘板（peg-boards）和寫著他們名字的鑰匙扣，都可以方便你輕鬆自在地「運送」他們到各個學習中心或教室某個定點去。

7 學生得有自己的「本壘（home base）」。如果上課需要安排學生活動，在課堂開始時與結束前，如果能有個「本壘」或固定的座位表，可以讓你在分組與安排課堂內容上更容易一些。在國、高中的課堂裡，擁有指定的、或學生原本的座位表，可以方便你點名，而不用老是一一唱名。

8 你要確定當你忙於處理另一個學生或另一組的問題時，其他的學生都有辦法自己尋得協助。想幫助學生做到同儕學習，你可以教會學生當他們

「卡」住的時候，可以自己去尋求其他同學的協助。有的班級會安排「本日專家」的座位，讓一到數個不等的、在某個領域特別擅長的同學坐在「本日專家」的位置上擔任諮商師（聰明的老師會讓學生儘量都當得到「專家」，這些學生負責檢查答案、檢查拼字格式、回答關於作業指令或文本的問題、或者幫同學解決美編或排版問題）。除此之外，學生們也可以透過他們自己的學習日誌，在「紙上思考」來讓自己「別卡住」。務必讓學生知道他們什麼時候方便來找你、什麼時候不方便來找你，也務必讓他們知道，要是他們需要你而你卻分不出身的時候，他們不但知道、也能夠運用哪些其他的替代方案。你若真想成功地管理一間差異化教學的教室，你就得讓你的學生明白，他們呆坐在原位上、等著別人來幫忙是十分不可取的態度，而跑去打斷他人的工作也很不應該。

9 **把噪音降到最低**。當學生在教室裡面做起事來，總會有噪音，但不需要讓這些噪音襲捲整間教室或者是讓其他人容易分心。所以從學年的一開始，教師就要教導學生如何安靜地跟同伴一起做事，教導他們輕聲細語。教師可以用信號（像是快速地開、關教室裡的大燈）提醒他們降低講話音量，或者指派每組一位同學負責監控音量、提醒同學說話小聲點。有些學生容易因為噪音而分心，最好安排他們坐在教室較不受音量影響的區域，對他們較有幫助。若這樣做，對他們還不夠，那麼使用耳罩式頭套（常見於聽力教室）也很不錯，一般常見於飛機上使用的耳塞也能派上用場。切記，學生之間的對話必須介於他們在對話上的需求與專心度之間，而教師也一定還能再找到其他方法，讓學生能達到兩者之間的平衡。

10 **設計一套能讓學生繳交作業的方案**。很多時候，在一間差異化教學的教室裡，會同時有好幾個任務在執行，會同時在短時間內有不同的學生繳交好幾項不同的作業。因此，如果每個學生都各自帶著自己已完成的作業到你面前，實在很令人困擾。此處有兩個策略可以減少教師手忙腳亂。一是安排一位負責檢查同學作業的「本日專家」，他負責檢查同學認為自己已經做

完的作業，負責確認這份作業是完整的、且有認真完成。如果「專家」同學認為這份作業沒有問題、已經可以上繳給老師，他就在作業上面簽上他的大名以示負責，然後把同學的作業放在有註明作業名稱的盒子或檔案夾裡，或者把作業擺放在原先指定的教室某定點處。如果這位「專家」同學認為作業尚未完成或不夠認真，那麼這份作業就得拿回去再繼續做下去。

11 教導學生如何重排教室桌椅。你可以先畫出三到四種不同排法的座位表，然後教導學生如何快速且安靜地把桌椅排成你指定的位置（依照姓名、號碼、或顏色排列），如此一來，這會比每次你都得靠自己搬動桌椅、重排位置來得省事多了。要明確地讓學生知道你對於有秩序地重排座位的期待，讓學生知道他們幫忙重排座位是有助於他們後續的課業和學習。

12 減少學生「毫無目的」的走動。不論學生幾年級，他們都需要在課堂上到處走動，教師的教學目的不是為了讓每個人的屁股都黏在自己的椅子上。然而放任學生在教室內亂晃也不可能產生什麼好結果。所以，教師必須要思考自己能接受學生在教室內走動到什麼樣的程度，並且讓學生知道他們在教室裡什麼能做、什麼不能做。舉例來說，如果學生卡在某個數學問題上，他們可以離開位子去找「本日專家」，但條件是一次只能有一位同學離開座位。而你也可以在各組指派一位「飛毛腿」，他負責幫全組領取所需的材料，也只有他才可以在老師指定的時間點或是任何其他時間離開座位。而教師需要下派的指定多寡，端視你和你的學生能如何有效上課為準，其他多餘的事物則沒有必要。

13 鼓勵跟課業有關的行為。教師要讓你的學生意識到你欣賞跟課業有關的行為，因為這些行為不但能讓他們的表現更上一層樓，還能讓你更專心在需要進而協助他們的事情上面，並能減少其他學生分心的機會。你一定要說清楚什麼叫做跟課業有關的行為，因為如果你的標準跟他們不太一樣，就會出現當學生自己感覺良好，但老師卻不這麼想的窘況。你可以讓學生知道你

會給他們一人一張每日評分表，讓他們檢查自己當日是否有善用自己的時間。你還可以準備一份班級名條，課堂表現認真的學生就在他們的名字旁邊畫個加號，而同樣地，那些即使在你教導後、同伴指點過，卻仍然打混的學生，則在他們的名字旁邊畫上減號。大多數的學生表現都不會太差。課後，你可以在你的成績紀錄本或工作紀錄上謄寫你當日的紀錄，然後加上學生自評的結果。幾天下來就會累積一堆的紀錄，每隔一星期或每隔一個月可讓你的學生看一看他們的紀錄，這有助於讓他們理解你是怎麼檢視他們是否專心。此外，重要的是，審視學生的紀錄也可以提供你良好的評斷資料，它可以讓你知道哪些學生感到挫折沮喪，讓你知道他們的挫折到底是因為功課太難還是因為功課太過簡單，這份紀錄可以讓你知道有哪些學生可能需要換新座位，它還可以讓你知道哪些學生的表現真的突飛猛進。

14 準備一份給「學習快速者」的方案。有些學生他們一直以來都會提早繳交作業、且作業成果不俗，課業診斷顯示出，作業對他們來說還不夠具有挑戰性（有些極度聰明的學生會故意裝忙，讓你無法察覺作業對他們而言太容易，這些學生覺得這樣才安全，因為老師就不會給他們高難度的作業）。而有些時候，作業本身的難易度或許是剛剛好的，只是學生的目的是搶著當第一個完成作業的人。在這種情況底下，你要如何讓學生知道，你瞭解他們的能耐在哪裡，可是你期待見到的是他們更令人「瞠目結舌」的本事，這就十分重要了。你不妨先跟他們討論一份作業裡面，高人一等的想法與技巧到底會具有哪些特質，而同時教師自己也不妨提供個人意見給他們參考，然後告訴孩子如果他們的作業達不到這些標準，你就會退件。

15 準備一份「中場暫停」的方案。雖然你會想在差異化教學的教室裡更有彈性地運用時間，但是難免會遇到你不得不結束課堂單元時，卻還有學生的作業沒寫完的時候。所以先想清楚你預計怎麼處理這個問題，是很重要的。有一些有用的解決方式，包括：提前示警（例如提前一到兩天的時間）告訴學生，作業繳交期限將至、給學生替

代作業，讓有心的孩子可以有一到二晚的時間回家完成、採用學習契約或錨式活動來增加額外的作業練習、或者是乾脆讓學生自己來告訴你，他打算怎麼在課程繼續到下一個單元的時間，加緊完成他應做完的作業。

16 盡可能地讓學生肩負起他為學習應負的責任。培育學生的學習責任感，它不單讓班級經營變得更有成效，它還能令年輕的學習者變得更獨立自主，而它本身正是一項重要的學習目標。學生要學著分派作業與學習素材、要學著批判彼此的作業、要學著為了小組而搬動桌椅、要學著記錄下他們自己的工作進度、要學著依據自己先前設定的目標而以圖表展現出自己的進步弧度、要學著設計安排自己的工作、甚至要學著提出建議，好讓班級運作更順暢。我們都實在太低估了學生自取自足的能力了。

17 讓學生能夠討論班上運行的規則與小組進行的方式。你的「後設認知」，或者是你大聲地說出你內心深處的想法，它可以讓學生更瞭解你對

他們的期望以及你如何度量你對他們的期望，也可以幫助學生建立他們對班級的主掌權。你若能夠持續地跟學生談論你從他們個別與全體身上感受到的事物，這個習慣會成為對未來的一項好投資，長時間經營下來，它會比起等你遇到問題才來跟學生討論，省下你更多的時間與壓力。除此之外，你會很驚訝地發現到，其實多數時候，學生們都可以搶在你之前，注意到問題，也想出問題的解決方法，所以不如好好運用他們的雙眼跟內心，讓這個課堂運作地更順暢、更令人舒服自在吧！

*　　*　　*

還有許多有效的方法可以打造一間讓學生優游於各種有趣活動的課堂，多跟你的同事分享你管理差異化的策略，請他們跟你分享他們覺得受用的方法。

幫助家長瞭解差異化教學　第 7 章

在差異化教學課堂，某些傳統的教學基本原則發生了改變，因此學生和家長開始尋求你的幫助，這樣他們才能逐漸瞭解和適應對差異化教學的新看法和新感受。經過初期的困惑後，大多數家長和學生，一般而言會積極認可這種教學，認為它能尊重每個學生的特質和促進學生積極主動學習。本章將提供一些策略幫助教師開展工作來使學生和家長瞭解差異教學。

讓學生瞭解差異化教學

米德爾頓老師打算本學年起在她所教的中學英語班級裡開展差異化教學。她也知道要實現目標必須得到學生們的幫助和配合，於是她想藉某個巧妙的方式來引導學生認識差異化教室和瞭解她們在創設差異化教學中的作用。

首先，米德爾頓老師向學生演示如何畫線圖形。學生選擇一些形容詞在縱座標的上下兩端作標記。每個班所選的詞大多數是處於頂端位置的最好形容詞，多數為「卓越的」、「一流的」、「優秀的」，而底端位置最

差的形容詞多為「失敗的」、「不足的」或「糟糕的」。學生在最好與最差的兩個端點間還用其他語詞做了標記。米德爾頓老師請學生把「擅長寫作」、「精通數學」、「善於踢足球」、「擅長閱讀」、「會打掃自己的房間」、「拼寫熟練」等指標寫在橫座標上。學生也可以再添加四到五個其他指標。為了使學生明白如何在圖表中標記自己的位置，米德爾頓老師先在黑板上以自己為例示範了一遍。她把自己標記為一個「寫作、數學還不賴，拼寫拙劣，足球踢得糟糕，不會打掃房間」的人。她在增加的幾個指標上也畫出了自己的位置，表達其興趣之所在，如：「精通攝影」、「會畫卡通」、「善作拼字拼圖」。米德爾頓老師安排學生回家完成畫圖，然後在接下來的兩週內，每天都分配三、四名學生分享他們的圖表。最後學生把圖表裝訂分類張貼在教室牆壁上。

一段時間後，米德爾頓老師再請學生思考他們在這些圖表中看到了哪些特點，並將學生的回答彙總起來。學生一般很快就發現了如下特點，並且提到前兩項的學生尤其多：

- 每個人都覺得自己的能力有強有弱。

- 沒有人畫了條平直的橫線，因為沒有人認為自己的所有能力都在同一個水準上。

- 女孩比男孩說自己拼寫好的人要多。

- 五年級學生說自己寫作不錯的人比較多。

- 大家增添的橫座標項目往往都是自己的長處。

米德爾頓老師又追問學生：「如果你們自身的優勢都不一樣，比如妳們之中有的人英語拼寫好卻閱讀能力弱，我該怎麼教學？」學生的回答其實就是米德爾頓老師在教學中需要處理的個別差異。學生一般認為老師的主要目的是幫助所同學都有所進步。有的學生還說課堂上他們不必總是做一樣的練習。有些高年級學生甚至還想到了一些相當實際的辦法，比如：給拼寫能力好和拼寫能力弱的學生分別給予不同的作業。

米德爾頓老師還邀請學生展開回饋討論：如果在一堂課上有許多不同的學習活動同時進行，那麼該如何管理

教室？學生對此問題的回應是制定必要的教室常規，他們甚至還談論到了評分的問題，認為應根據學生個人進步來記分，而不是和他人做比較。學生還討論如何和教師一起設立個人學習目標，如何記錄個人的學習進步，如何互相幫助等。

米德爾頓老師總結了差異化教學準備度的討論結果，並把它貼在教室前邊，她告訴學生：「在我們的課堂裡公平是指我們必遵守課堂常規和努力學習，並且互相尊重和鼓勵，而不是指我們總是做同樣的事情。」她還解釋，如果學生想做和別人一樣的任務或工作，可以來告訴她。她說：「我能保證我們的課堂在大多數時候都能體現公平的目標，我也相信在座的每個人都會從學習中體驗到快樂和艱辛。」

漸漸地，學生開始熟悉差異化教學的各種方式，如分發工作檔案袋、自選閱讀、個別和教師談話、完成個人拼寫作業、開展小組學習方案、組建寫作評論小組等。每天，米德爾頓老師會請學生簡要地評價自己在實現目標和遵守新規則上的個人和小組表現，以增加他們的學習自主性。

米德爾頓老師的彈性分組，既有老師指派的方式，又有學生自選的方式。她想儘量嘗試多種分組方法。某天，她偶然聽到兩個學生的對話，其中一個學生告訴同伴：「我猜米德爾頓老師昨晚一定熬夜了，她就想找個法子把我們分得七零八落。」聽到這席話，米德爾頓老師開始反思自己的分組策略。她覺得應該讓學生明瞭分組的理由以及邀請學生參與分組活動。

現在，她經常告訴學生：「如果你認為目前的學習安排對你太難或者太容易。請一定要來找我，我們可以交換看法，必要時我們可以調整安排。」

米德爾頓老師爭取學生合作的辦法就是和學生共同制定學習契約。在契約中，學生可以根據自己的興趣來選擇學習活動。

正和任何場所一樣，學校裡的生活沒有比充實完美的一天更令人嚮往了。在米德爾頓老師的課堂裡，學生們度過了美好的時光，課堂上總是那麼忙碌舒適和溫馨，這正是師生共同努力的結果。

幫助學生和父母瞭解差異化教學

　　偉德老師今年早早就發送了家長問卷，請填寫他們的孩子大概在什麼時間學會了走路、說話、騎腳踏車、穿衣服等行為。他把蒐集的數據化成了圖表，結果毫無疑問，學生學會這些行為的年齡早晚不一。於是他問學生：「我們當中，有的人學說話的時間比別人足足早一年，這件事情非常重要嗎？看看現在的你們個個都能說善道嘛！」學生同意事情的意義在於他們能說話了，而不是他們開始說話的年齡，偉德老師又提到班上有些人計算學得又快又好，而有些人則閱讀非常不錯，學生回答，那很好呀！每個人的能力不同，但只要他再努力就會有收穫。

　　在家長聚會上，偉德老師有意地加問了一句：「如果在孩子還沒學會站立之前，家長就逼著他學走路，或者沒有學會走路之前就學跑步，或者家長整天憂心忡忡，只因隔壁的小孩比自己的孩子早些開始說話，這會有什麼樣的後果？」透過這個提問，偉德老師試圖讓家長明白一個事實：「學校是孩子們家庭生活的延續，教學有時候就好比家長

撫養孩子們一樣，需要因材施教。」老師評估出來孩子現有的能力水準，然後再提供與其能力相應的學習以促進學生進步。但是老師無法保證所有孩子的學習都能齊頭並進。偉德老師詼諧地說：「我總不能讓會說話的孩子閉上嘴巴，等沒有學會說話的孩子趕上來吧？這個生動的比喻使家長瞭解差異化教學的涵義。」偉德老師也請家長幫助他瞭解孩子的成長歷程和興趣，使家長和教師為孩子的發展共同努力。

幫助父母學習差異化特色

　　每位家長都殷切地希望自己的孩子健康成長、樂於學習和學有所成、以及能在學校中有歸屬感。差異化教學的教室是實現這些期望的理想場所。雖然老師心目中的差異化教學教室可能和家長心目中的教室不一致，但教師能協助他們清楚並積極瞭解差異化教學的特色及對學生的作用。以下幾點是家長應該瞭解的：

　　• 差異化教學的目標是保證每個學生在各自的起點上，獲得所有重要的知

識和技能。

• 在差異化教學教室中，教師認眞的評估和瞭解所有學生的準備水準、興趣能力和學習風格，並以此爲基礎來設計課程和教學。

• 每堂課都體現了教師目前對學生發展目標的最佳認識。對學生的認識會隨時間、學生的成長以及家長的協助而有所改變。

• 教師願意和家長交談、分享對學生的看法和觀點。因爲瞭解到學生的年齡特點和成長發展，教師會從更廣的視野來看待學生。因瞭解到學生的感受、興趣和變化，家長更爲深入的認識自己的孩子。「廣角鏡」和「特寫鏡」能爲我們提供更完整的學生形象。

• 課堂目標是培養學生獨立學習的習慣。

和資優生的家長溝通的策略

人們往往認爲資優生的父母進取心非常強，誠然部分家長的確如此，但其他學生的家長中也不乏進取心強的父母，其實大多數的父母都希望孩子能健康地成長學習。資優生的家長重視學習，常鼓勵孩子努力學習，希望「學校教育」能促進孩子們學習進步。但不少父母開始抱怨「學校教育」的低效率，因爲多年來他們的孩子總在等待其他學生的成長。因此，當教師和這些家長晤談時，應注意如下適用於大多數家長的事項：

• **耐心傾聽家長的意見並請教**。對於自己的孩子，每個家長都有講不完的故事，希望有人能傾聽他們的述說，有人認同他們養育的艱辛。所有家長都應受到校方的尊重和接受。

• **重新建立起家長對學校的信心。**當家長看到你爲了提高孩子的知識、技能，爲了發覺孩子的興趣和才能而辛勤工作的時候，家長的懷疑態度可能被感激之情所取代。

• **理解撫育聰明孩子的矛盾心理。**許多資優兒童的家長希望孩子的智力能在挑戰中不斷提升，他們認爲只有優秀的鋼琴教師才能識別孩子的音樂天賦並指點孩子的成長，或者只有體育教練才能挖掘孩子的運動天分。一方面，這

些家長希望孩子在課堂上也能得到「伯樂」的精心栽培，另一方面，他們和孩子都沉迷於追求成功，家長都不願意看到自己的孩子因學習而痛苦掙扎或艱苦努力。家長有一種矛盾心理，既希望孩子能在學習中遇到挑戰，又希望孩子的學習穩穩當當，最好不要有冒險和失敗。這兩種想法自相矛盾。在生活中，成功總伴隨艱辛、努力，成長總來自磨練和奮鬥。

你可以向家長傳達如下的訊息，幫助他們清楚認識到這種矛盾心理：「我很欣賞你的孩子的才能和潛力，我也會盡力促進孩子的進步。但是我不能保證他的學習總是一帆風順。我也不能使你的孩子總是輕而易舉的拿到『A』。但我會盡我所能去幫助學生克服學習的困難和障礙，最終他們會發現自己擁有更多潛能。我的教育目標不是讓他承受學習上的挫折和懲罰，而是讓他學會應對挑戰，獲得成功的快樂。你願意和我一起努力嗎？」

• 妥善回答家長對「我孩子的功課為什麼總是比別人難」的疑問。如果你和家長按上述的建議達成了共識和理解後，家長因擔心孩子的功課太難而產生的種種疑惑會減少。但是他們仍有可能問你為什麼自己的孩子總是做著比別人難的功課？

在差異化教學的教室，根據學生準備度安排的作業，一般會稍高於學生已有的能力，而教師的目標就是盡可能幫助每名學生應對這種學習要求，透過尋求各種支持系統來獲得進步和成功。

對於提出這類問題的家長，他們可能沒有認識到學習的難度會因為學生的能力和知識水準而異。倘若按照各自的能力和知識面來衡量功課的難度，資優生面對功課的難度並不會比其他學生面對的功課更難。你們之間的談論可能要涉及到一個事實，就是對所有人而言，包括天資聰穎者，都必須經過努力和奮鬥，才可獲得真正的進步。

著名的兒童文學家凱瑟琳・帕特森（Katherine Paterson）曾有一句名言「上帝只青睞刻苦努力的人（1981，第3頁）。」我們沒有理由懷疑這句話隱含的真諦。

和給予孩子過多學習壓力的教導策略

還有一種較少見的家長，他們總是逼迫孩子超負荷學習。這裡也提醒教師應注意這種情況。我們不排除一種可能性，這種家長可能發現了孩子平日在學校裡沒有被發現的才能。從這個角度而言，讓學生去做些高要求的工作也不是件壞事。

有些孩子的嶄露頭角是被父母逼迫學習出來的，教師有時難以察覺現象背後的原因。家長有時混淆了高期望值和高學習壓力的區別，他們往往忽視因學習壓力過大、學習任務太難而給學生帶來的緊張焦慮感以及對自我能力的懷疑。當學生感到害怕、任務過重和失去自主感時，此時學習已成學生的負擔，教師應幫助家長認識到這一點。像前面實例中，偉德老師和家長的晤談方式也許能有助於家長認識到自己的問題。

教師可以幫助學生傾訴內心的緊張和不愉快，這種方法有一定的效用。但讓學生直接向家長表達，而不是由教師轉述，可能更有利於親子雙方的溝通和理解。當然你也應當幫家長控制他們的情緒，否則這種親子對話會因「孩子的沉默」、「家長的暴怒」而付諸東流。你的教育重點在於幫助這些孩子重新建立對生活和學習的自信心。

和疏遠學校的家長溝通的策略

家長和學校保持距離的原因不能一概而論。有時候，家長的缺席不會影響學校間的合作；有時那些和學校保持距離的家長，正是我們應力邀參與學校活動的人選。不願過問學校教育的家長，有些是因為他們覺得自己已遠離學校難以再融入，有些是因為忙於生計而無法抽身……所以，我們不可草率地認定這些家長都不關心孩子的教育。

大多數家長，包括那些疏遠學校的家長，都十分關注孩子的學校教育，並將教育視為實現人生目標的重要途徑。學校和教師應主動去和家長溝通，如採用多種聯絡方式，營造歡迎家長的學校氣氛，進而建立起加效溝通的橋梁。家長需要來自教師的訊息，需要具體實例來確立對孩子的信心，需要聽到有關孩子進步的故事，也需要具體的建議來成為孩子未來的學習助力。

　　我們需要聽到更多家長的聲音，我們需要好好地瞭解孩子的文化背景、語言、成長發展和理想。我們要瞭解家庭中發生的故事，向家長瞭解促進學生學習的最好方法，並運用各種有效的方法接近每一個家長，你會發現你的視野因此而開闊，你的教學成效也會更棒。

　　家長和教師的合作是建立在主動交流之上的。教師應經常給家長發送簡報或通訊、向家長徵詢對教育方案的意見，討論教學過程、向家長徵詢他們對差異化教學的看法和建議等等。教師和家長間的合作正如師生間的合作一樣，有助於建立對每個學生都保持尊重和高期望的課堂。

依照學習者準備度的差異化教學 第 **8** 章

　　差異化教學以學生的三項特質為基準：準備度、興趣、學習偏好。學生在此三種條件下學習的效果最好：學生對某一主題的理解和技能與學習主題是否相對應（準備度），學習主題能否引發學生好奇心或熱情（興趣），以及相關作業能否鼓勵學生依照他們喜歡的模式完成（學習風格）。本章節與第9、10章將就以上三項學生特質說明差異化教學的基本原則，本章節內容以第一項特質準備度為主。好的學習主題不但要符合學生的準備度，更要能夠在學生獨立學習的狀態下，給予學習者機會去提升其知識、理解及技能，如果能精準掌握學生準備度，就可以促使學生稍微踏出他的學習舒適圈之外，之後教師提供必要的支持協助學生連結他的已知與未知。

　　有經驗的教師在實施依學生程度作差異化教學的課室中，常常邊做邊調整，以便教授適合學生程度的內容。通常教學過程一開始依照教師的直覺，過程中教師自成功和失敗的經驗中學習調整並改進自身的教學。因此，當我們詢問實施差異化教學的教師如何設計依學生準備的差異化課程時，教師的回答都有些不明確，例

如：「我就試著符合他們的準備度。」或者「我就用我覺得行得通的方式分組。」以下將釐清如何依照學生程度作差異化教學，期望能幫助教師更清楚其實施方式，精進教學知能並能提供學生更好、更適切的學習經驗。

思考依照學生程度作差異化教學

要成功實施本項差異化教學，需要撰寫一份綜合指南用以計畫與監測差異化教學課程的效度。藉由研究課程內容，發現使其差異化的關鍵，如此可以得知指南應包含哪些特定的目標說明，協助教師在設計差異化教案時有所依循。是什麼在支撐教師對於差異化教學的直覺反應呢？從這個問題可以得到許多想法而答案就在圖8.1中，在該圖表列舉許多差異化的工具，這些工具稱之為「等化器」。

設計差異化教學和使用收音機或CD播放器上那一排音質等化器很相似，播放不同樂曲時，你可以個別移動調整這些按鈕，以得到最佳的音響效果。在差異化教學的課室中，適度調整「按鈕」以符合學生需求，同時透過教材內容、教學活動與作業，調整學生適度挑戰的機會，以上說明如下：

• **從基礎到變化**：當課程中的觀念對某些學生而言是全新或者不是他們所擅長的，他們通常需要更多、更清楚、更簡易、更白話的相關訊息，需要更多的時間及更直接的方式去練習如何應用該觀念。在這種情況下，學生應該使用基礎型的教材內容及練習，協助他們建立扎實的理解能力。例如瞭解學生清楚已知或是擅長情況下，他們需要變化的教材內容與練習，則可以幫助他們學得更多、更快，能夠更深入理解複雜的觀念，能夠延伸修改該觀念，能夠和其他已知觀念統合，進而自行創造新的想法。

以生物教學為例，甲學生進行基礎練習，學習如何從毛色圖樣分辨動物，而乙學生則採用進階（變化）練習，預測環境變化對某幾種動物毛色圖樣的影響。以數學教學為例，教師寫出分數（例如：1/3），年幼的學生也許可以利用切水果，練習展現其應用基礎分數的概念，而其他的學生可以寫出特定音符表示不同節拍（例如：1/2休

圖8.1
差異化教學課程設計小工具：等化器調節鈕

1.基礎 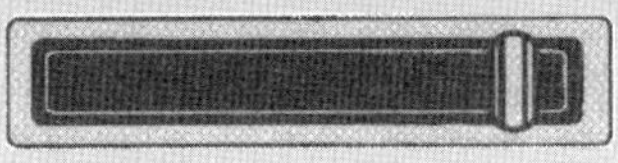　　　　　　　　　　　　　　　　變化

訊息、概念、教材內容、應用

2.具體　　　　　　　　　　　　　　　　抽象

圖像、概念、應用、教材內容

3.簡單　　　　　　　　　　　　　　　　複雜

資源、研究、議題、問題、技能、目標

4.單一面向　　　　　　　　　　　　　　多面向

說明指令、問題、應用、解決方案、方法、學習連結

5.小躍進　　　　　　　　　　　　　　　大躍進

應用、觀察、轉換

6.引導式 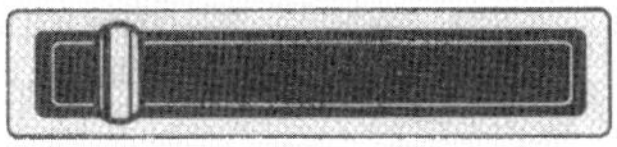　　　　　　　　　　　　　　　開放式

解決方案、決定、方法

7.獨立性低 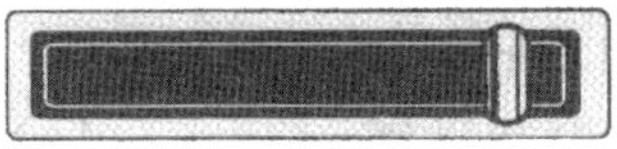　　　　　　　　　　　　　　獨立性高

計畫、設計、監督

8.慢速 　　　　　　　　　　　　　　　　快速

學習步調、思考步調

止符），這種稍微變化的練習較有挑戰性。

• **從具體到抽象**：在能清楚理解學習主題及其深刻意涵和相互關係前，學生需要熟悉某一主題的教材內容及重點（具體訊息）。如果學生明白且能具體說明，則此時應該督促學生往下一階邁進：探索深階意涵與應用。給予具體訊息有助於進行之後抽象意涵的學習。例如：理解小說的劇情（較為具體）通常有助於主旨分析（較為抽象），但學生最終都要探索這些故事是否有更深刻的意涵，而不是鑽研表面的劇情。簡而言之，具體或抽象，關鍵在於準備度或時機。

• **從簡單到複雜**：有時候學生在學習時會忽略很多細節，只看到大方向，也就是只有「骨幹」。很多大人也承認，兒童版的黑洞理論對他們之後在閱讀史蒂芬・霍金（Stephen Hawking）的作品，有很大的助益。提供學生大方向時，教師也需要提供相關資源、研究、議題、問題、技能及目標，這些有助於學生清楚理解該主題架構。另一方面，如果「骨幹」夠清楚，再多加一些「肌肉、骨頭及神經」就能激勵學生學習；換言之，給予更複雜的學習或練習，但要注意複雜也分層次；有些學生一次只能處理一個抽象概念，有些學生則可以同時處理兩個以上的抽象概念。舉例說明，單一抽象概念如：小說的主旨，兩個以上的抽象概念如：小說中不同主旨與象徵符號之間的交互關係。

• **從單一面向到多面向**：有時候學生解決問題、進行計畫或處理兩難議題時，表現得非常好是因為這些練習只需要兩、三個簡單的步驟即可完成，對這些學生而言，能夠將今天學的和上星期學的連結在一起已經很足夠了。然而在理解與技能方面，比較高階的學生則可以處理更複雜的練習，可以接受比較有挑戰性的任務，例如：解決多面向的問題，提出多種解決方案，或是將看似沒有關聯的科目及議題作連結，找出兩者的相關性。

• **從小躍進到大躍進**：需要注意的是沒有「不躍進」這個選項，而「躍進」即是思考。學習的時候，學生要思

考並想辦法應用，因此訓練學生被動吸收及反覆記憶的課堂活動，長期來看，對學生助益不多。

所謂的小躍進，舉測量面積為例，老師出題：請比較倉鼠籠子總面積與教師講桌面積，學生應用所學的公式與方法，分別測量並驗證，在初期即達到轉化應用的目的。進階練習（大躍進）則學生從平面測量進化至計算蓋一棟大樓所需要的材料，以及因應面積增加所需材料及成本的增加比例。以上兩個例子，學生都需要動動腦，將課本所學轉換至實際應用，第二個例子思考層面較多、較深，不但要應用，更要觀察及轉換。

• **從引導式到開放式**：給予清楚提示的任務有時候是必要的，學生不需要做太多的決定，通常也會表現得很好，例如：新手駕駛一開始大多在駕訓場中學開車，地上有各種畫好的路線可供練習。又例如：不熟悉電腦或文字處理器的人，學習電腦時要先做封閉式的練習，這種練習都附有正確解答，完成後學習者會獲得知識與信心，並懂得如何操作鍵盤與軟體，之後才能做開放式的

練習，而這種練習沒有正確答案，例如：使用不同的圖形圖表設計正式報告時需要的簡報檔。做寫作練習或在實驗室做實驗時通常不可太即興，應該事先設計好格式、規定及步驟，這樣比較有利於學習。

如果學生的準備度很充分，他們就可以做更高階的練習，例如：自行探索電腦的各項功能、自訂主題進行論文寫作並發表、自行規劃實驗室的使用細則等。要有足夠的示範與練習，學生才會有足夠的信心與能力進而「即興創作」，示範與練習後，緊接著要提供學生機會，讓他們自我拓展並發揮創意。

• **從獨立性低到獨立性高**：學習者的學習目標都是獨立研究、獨立思考及獨立成果。不過有些學生的學習進程比較快，他們進行獨立學習的時間點會比較早，獨立性也較高，以下為獨立學習的四個階段：

1. **技能建構階段**：此一階段學生練習做簡單的選擇，做簡單的任務，在短時間內完成並能堅持到底，教師則適時給予指導。

2. 引導式獨立階段：此一階段學生能從教師給予的數個選項中進行判斷並選擇，可以遵照教師規劃好的時程表進行學習，能依照預定的準則進行自評，能夠完成為期較長且較複雜的任務。

3. 分工式獨立階段：此一階段學生可以提出想解決的問題，自行設計任務，自己規劃時程表，自訂評量標準，而教師協助學生訂定較為嚴謹與周延的計畫，或者督導學生成果發表前的學習過程。

4. 自動導向式獨立階段：此一階段學生自行計畫、執行與評量，只在需要時尋求教師協助或評語（Tomlinson, 1993）。

使用這一個「調節鈕」為不同學生個別設計合宜的學習步調，學生與教師也不至於因為無法完成獨立性高的任務而受挫，雙方皆受益。

• 從慢速到快速：在這八個「調節鈕」中，就屬這一個經常會「跳來跳去」。如果教材內容挑戰性非常低或是學生很熟悉，學生學習的時候就會很快完成。

但是即使是同一主題，同一批學生也可以多花一點時間讓學習更有深度。根據教師經驗與學生的學習歷程，教師可以調整學生學習速度，例如：學生仍無法理解關鍵概念，教師允許他們在課程一開始時有比較多的時間可以學習，其他比較粗淺的部分則很快帶過，如此一來，可以有更多的時間進一步學習關鍵概念。因此，如何針對不同學生調配學習的快慢，是差異化教學中一項很重要的策略。

如同收音機上的等化器調節鈕，圖8.1提供教師作參考，在設計差異化教學課程時，可以將不同的調節鈕移至不同的位置，以因應不同的學生需求。

舉例說明，如果教師將獨立性的調節鈕調至左邊（獨立性低），而學生也許可以進行複雜、抽象及多面向的任務（參考圖8.1，調節鈕至右邊），也就是說，他們都可以進行同樣難度的計畫或任務，但獨立性低的學生需要比較多次的教師檢核，而自我導向式獨立性高的學生則不需要教師經常檢核。

等化器疑難排解小撇步

善用圖8.1，能幫助教師啟發許多想法，在進行差異化教學時，可以適時調整課程安排，以下提供三個重要的原則：

1．教學內容要一致、相關、有效、可轉換、真實及有意義。即使是準備度不足的學生，教師也絕對不能只給他們做反覆且機械式的練習，而其他的學生卻可以進行有趣又有深度的任務。

2．對學生有益的課程必須是能鼓勵學生前進，學的過程中讓學生覺得有點難、有點不自在。學生接受真正的挑戰，也真的克服困難，並且在教師協助下完成任務，這就是成功的教學。差異化教學之所以非常有效，是在於這個教學法幫助教師發展出不同程度的任務，每一個任務都是很真實的挑戰。學生的自我成就感即來自於每一次完成的挑戰，每一次在過程中認定不可能做到，卻發現自己真的可以辦得到。因此教師在設計教學內容及活動時要謹記，在知識、觀察、思考、基本技能、成果、簡報技巧及情意覺醒這些方面，都要促使

學生走出舒適圈。

3．有計畫地鼓勵學生向上學習，逐步發展其能力，也就是說，教師要隨時觀察學生，一旦他們準備好了，就要分派進階任務，提升他們的能力。好的任務就是有一點點難度的任務，同時教師也要向學生保證會提供必要的指導，一定會協助他們完成該任務。大部分教師最常犯的錯誤是設計一項適合多數學生可以輕易完成的任務，卻造成兩種結果，學生能力往中間程度靠攏以及降低對學生的期望，但卻仍有少數學生無法達到這樣的期望。有挑戰性的任務，打個比方，要讓學生在心理層面「踮起腳尖」，想辦法自我提升，想辦法成功達成目標。

本章節很明確地點出差異化教學的核心，教師面對學生不同的學習需求時，很自然地會調整其教學內容與教學活動，如何能調得更精準、更有效？參考本章節提供的準則，教師可以做到內容差異化（教師教的內容與學生學的內容）、過程差異化（是學生思考理解他們接收到的資訊或概念）與成果差異化（學生如何表達他們學習後所知道

的）。除了本章節談到的八個調節細項外，教學相長，教師也可以從學生表現與回饋當中得到更多訊息，並應適時增加參考細項，有助於差異化教學的進行。

圖8.2中所列出的教學策略，可以幫助教師制定符合學生準備度的課程，有助於教師進行差異化教學。

適合學生準備度的教學策略可以應用在教材內容、任務及鷹架，設計課程時要檢視這三項所對應的等化器調節鈕。例如：教師可以指定數個網站供學生進行研究時使用，但是教師要根據技能程度與理解程度標記這些網站的難易度，有些網站內容比較簡單明瞭（具體），而有些則很深奧難懂（抽象），有些網站用字簡明淺白，概念單純易懂，而有些則艱澀複雜。

即使不同程度的學生，教師也可以指定他們參考相同難度的網站，但是對技能準備度不足的學生（獨立性低），教師要提供支援系統，讓這些學生也能成功完成任務，準備度高的學生，教師則鼓勵他們儘量獨立完成該任務。老師們不妨試試看，使用圖8.1及圖8.2的細項去做不同的搭配組合。

按照學生準備度做內容差異化、過程差異化與成果差異化

教師可以根據學生準備度就這三項的其中一項做差異化教學，也可以三項皆做差異化教學。舉法文老師如何做內容差異化為例，教師指定兩本有關法國時事的語言學習雜誌為教材內容，第一本是為沒有學過法文的美國學生而編寫，第二本的讀者則以法國當地青少年為主，兩本雜誌都有很多文章，主題也大多相同，閱讀或翻譯法文比較有困難的學生使用第一本，能力較好的學生使用第二本，可以訓練更複雜的翻譯技巧。

再舉數學為例，教師通常做過程差異化，也就是根據學生的準備度設計不同的學習活動，同一個數理概念，可以依照學生程度指定不同難度的作業，教師要協助學生決定哪一項作業最適合他們，這項作業不僅要讓學生展示他們的思考理解能力，也要能適度挑戰他們自己；換言之，要有一點點的難度。

如何做成果差異化？中學教師團隊的其中一個建議是對學生成果使用不同的評比量表，調整計分比例，或是使用

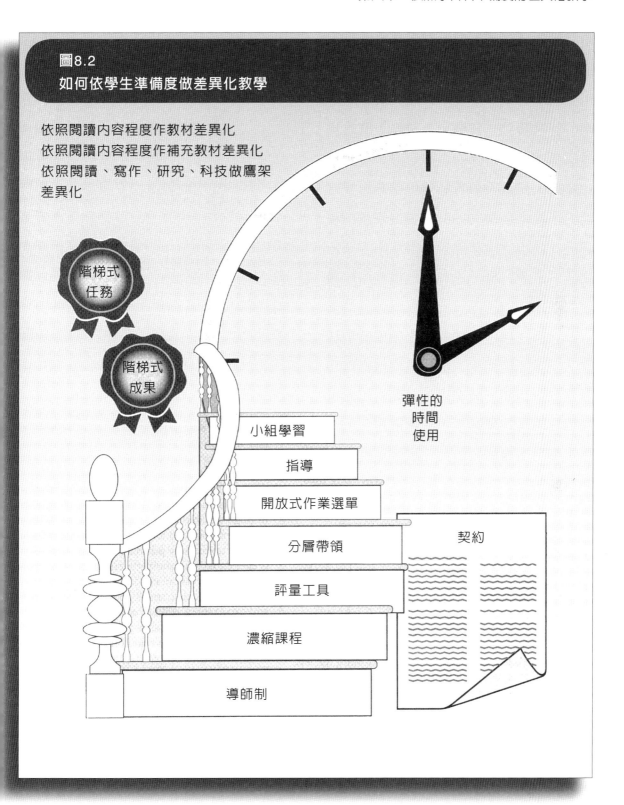

圖8.2
如何依學生準備度做差異化教學

依照閱讀內容程度作教材差異化
依照閱讀內容程度作補充教材差異化
依照閱讀、寫作、研究、科技做鷹架
差異化

階梯式
任務

階梯式
成果

小組學習

指導

開放式作業選單

分層帶領

評量工具

濃縮課程

導師制

彈性的
時間
使用

契約

不同的評量指標。假設評比量表中有五個評分項目，但是每一個學生可能只會用到其中的兩、三項，學生也可以和老師一起討論訂定目標，設定自己應該完成何種成果，教師的工作是設計提供評比量表，但量表內容必須稍微高於學生能力，提供必要的協助，督促學生向前邁進，逐步建構其能力，幫助學生一一完成自定的目標，達成評比量表中所設定的要求。

教師在作這三項差異化教學時要切記，一定要推學生一把，迫使他們踏出既定的舒適圈，鼓勵學生去面對有點太難的任務，指導學生提升拓展自己的能力，習得關鍵的技能與知識，並進入下一層級的學習。

* * *

下一個章節將探討如何依照學生興趣做差異化教學，並吸引學生樂在學習。

依照學習者興趣的差異化教學 第 **9** 章

聰明的教師深知教學的關鍵，就在於創設吸引學生的學習主題。學生的興趣及選擇權，是激發學生參與學習的兩個重要相關因素（Bess, 1997; Brandt, 1998）。如果學生對學習主題有一點好奇（甚至有強烈的好奇感），那麼他們的學習更有可能發生。同樣，如果學生能自主選擇學習的內容和方式，那麼也能激發和促進他們的學習。當然，問題在於不是所有學生都有相同的興趣，因此有必要根據興趣的差異性來安排教學。

學習的內容、過程和結果會因學生的興趣不同而有所差異。埃爾金斯老師在教授非小說類文學作品和寫作時，就根據學生的興趣對教學內容進行差異化處理。雖然全體學生都必須學習某些關鍵知識和技能，但埃爾金斯老師認為如果學生對所讀所寫的東西有興趣，那麼學習這些技能和原則對他們就更有吸引力。在教學單元的開始階段，他先引導學生選擇他們所感興趣的閱讀教材和主題，然後再根據學生的選擇來展開此單元的教學。

貝拉老師喜歡用「拼圖法」的合作學習策略，憑藉這種策略來使學習過程符合學生的興趣。當探討較廣泛的主題時，她會要求每個學生根據自

己的興趣，選擇某個方面來學習。然後在教學的某個環節裡，貝拉老師組成了「拼圖」小組，要求學生按照相同的選擇組成小組學習，最後混合編組，讓學生編組分享其他小組的學習經驗，這樣學習不同方面的學生聚集在一起，組成了完整的主題。

戈梅老師提出一種順應學生興趣的理想方法。有時她安排學生採用多種成果表現他們的學習收穫。有時她僅提出學習成果中必須包含的知識和技能目標，後引導學生選擇成果的表達方式。她經常鼓勵學生將個人的成果目標和全班的學習目標相結合。這種方式為學生提供了多樣的選擇和表達的機會。有兩種方法可以幫助教師分析學生的興趣：其一，教師把學生看做不同的個體，盡力瞭解每個學生在課堂學習中的興趣所在，這是份艱難和長期的工作；其二，充滿活力的教師會盡力激發新的興趣。當教師對某一主題滿懷熱情並能深深感染學生時，也會激發學生產生類似的興趣。

利用學生已有的學習興趣設計課程

以興趣為基礎的教學目標包括：

(1)幫助學生認識瞭解學校的期望和他們自身期望間的相互關聯和協調。

(2)顯示所有學習之間的關聯性。

(3)以學生熟悉的技能和知識做為學習新技能和知識的橋梁。

(4)提高學生的學習動力。

當教師鼓勵學生根據自身的興趣來關注學習主題時，以上四種目標都有可能得以實現。利用學生的興趣來設計課程的策略多樣性，這裡主要介紹三種方法。

補充研究

簡斯老師和她的學生正準備學習七年級歷史中的美國內戰專題。在整個教學單元裡，它強調文化、衝突、相互依賴和變化這些歷史學習的重要概念。在學習單元中，學生將閱讀和討論課本以及補充材料和原始資料，以及參觀戰爭遺址、聽報告、觀看相關錄影。同時簡斯老師要求學生列出自己願意思考和學習的內容。在學生所列出的主題中，涵

蓋音樂／體育、娛樂、人類、家庭、閱讀、交通、英雄／反面人物、醫藥、食物、旅行、幽默、服裝、圖書、未探究的神祕事物、卡通以及青少年文化。

簡斯老師於是建議學生根據自身的興趣來學習美國內戰期間的眾多知識，而她幫學生建立貫穿整個學習單元的補充研究，學生的主要任務就是瞭解內戰時期的美國社會的生活、文化、衝突、變化以及相互依賴等情況，在補充研究中，學生可以選擇獨立工作或結伴學習。

為了保證學生的學習成功，簡斯老師幫助學生制定工作日程、設定目標並建立品質標準。她記錄研究開始的日期以監控學生的研究進程，並不定期為學生提供有關蒐尋訊息的微型課程。學生在課堂上展開補充調查。當他們完成常規學習後，就可以將時間都集中在補充調查上，有時也可以做為家庭作業來完成。

簡斯老師發現教學單元的課堂討論因增添了學生補充研究的結果而不斷深入和豐富。學生用生動鮮活的歷史畫面講述各種故事，而非枯燥的事件和年代。透過補充研究，學生不僅提高了學習興趣，而且在學習中既結合了先前的知識技能，又將學習和生活緊密相連。

興趣中心／興趣小組

在尼肯斯老師的課堂裡，學生經常參與興趣小組的討論學習。根據學生的學習內容，他創造了興趣中心的主題，以滿足學生的好奇心和求知慾，並且獲得更多的知識。比如：當學習動物生活習性時，尼肯斯老師就設置有關各種動物習性的興趣中心，諸如獾、海狸和北極熊。在中心裡，學生可深入瞭解某種特定的動物習性來擴展對單元內容的理解。最後，學生自願結成興趣小組來為同班同學或低年級的同學以建立其他動物的習性為主題的興趣中心，在興趣小組裡，學生有時一起閱讀，有時展開討論，有時分享各自的學習所得或探討興趣中心的計畫和籌備工作。

全班同時學習動物的習性，但對某一主題尤感興趣的學生來說，在教學單元結束後，還可以在興趣小組中繼續研究動物及其習性。結合興趣中心和興趣小組的方式，將更有助於學生的發展並開拓學生的興趣。

專業團隊

在語言單元，博林杰女士為四年級的學生制定了學習目標討論和分析作者是如何使用描述性語言來增進讀者對作品的理解。博林杰女士確信，如果安排學生在各種作品中心尋找多種精采的描寫實例，那麼學生的學習興趣會更濃厚。學生將組成專業團隊，在不同體裁的作品中尋找精彩的描述方式，如：短篇故事、小說、神話傳說、科學小說、自然文學（又稱「荒野文學」）、詩歌、抒情詩及情節喜劇。對某類體裁的作品有共同興趣的三、四個學生組成專業團隊，團隊的主要任務在於尋找精彩描述語的要素（如動詞和具有形容詞作用俚語或方言用法的雙關語，或作者自創的詞語以及獨創性等）。學生在班級討論時彙報團隊學習的結果或發現。每個小組不但要推薦精彩的文章段落，並且介紹這些段落並說明選擇的裡由。在分析描寫手法的單元裡，教師安排學生根據興趣選擇讀物，而非統一要求閱讀相同的材料，這樣的教學更加靈活機動，並且更富成效。

在上述的每個例子中，老師都利用學生既有的興趣來引導學生全面和主動學習重要內容。以興趣為基礎的方法不會妨礙學生掌握基本知識和技能的程度，反而會使這些知識點和技能對興趣各異的學生來說，更容易理解彼此，更為相關記憶感到深刻。

擴展學生興趣的課程設計

教學的樂趣之一，就在於向學生呈現一個他們從未發現且充滿思想和挑戰的世界。以興趣為基礎的教學，不僅能夠利用和豐富學生已有的興趣，還能幫助他們發現新的興趣。同樣有多種方法可用來幫助學生發現新的興趣，這裡只舉兩則實例。

知識和技能在實際生活的運用

佩奇老師希望幫助學生領會數學和成人世界之間的聯繫。她早就發現，自己班上的六年級學生對於大多數成人的日常工作，甚至自己的父母從事何種工作，都一無所知。於是，她要求每個學生選擇一項感興趣的工作或職業，然後訪談其中的一位人士，瞭解被訪問者在工作中如何運用分數和小數的知識。學生會問一些預先設計過的問題，來確定

被訪問者是否在工作中使用了小數和分數。如果沒有，學生將繼續尋找下一位適合的被訪者，只要他們的工作是學生感興趣的，而且她們確實在工作中使用分數和小數。如果可能的話，學生可觀察或持續追蹤他們的受訪者在工作中使用分數和小數的實境。

佩奇女士讓學生明白，數學對許多工作來說都很重要的道理。她也知道這種探索式的學習會激發學生對職業和各種職業的社會貢獻之興趣和好奇。她和學生一起擬定訪談的問題和決定學生呈現成果的形式。而詳細說明被訪者使用分數和小數的狀況，是全體學生在呈現成果時皆要涵蓋的。

學生驚奇地發現分數和小數廣泛使用於麻醉學、自動檢修、媒體專家、祕書、飛行員、藥劑師、作曲家以及商業管理人員等眾多工作領域。

佩奇老師發現在學生意識到數學和工作世界緊密連結後，數學學習對他們來說，就變得「新穎」而令人振奮。

成果表達形式的創新

蘭迪斯老師已經很厭倦歷史課中一成不變的表達方式了。她認為學生不應該只限於以下四種表達方式：(1)貼圖、(2)製作模型、(3)寫論文以及(4)尋找時間線索，這幾種展現成果的形式。於是她邀請了六位成人到班上向學生展現她們表達觀點的方式。第一位栩栩如生地扮演了一位遊走四方的藥品推銷員；第二位表演了講故事的技巧；第三位詳細介紹了攝影新聞工作，還談到學生如何利用照片來反應自己的歷史觀；第四位結合了戲劇、默劇、音樂來表達觀點；第五位談到了他召開座談會來交流；最後一位演示了如何有效地利用網站發表意見。每位學生都要對每位演示者表達其個人的觀點和想法。

以後在歷史的課堂裡，蘭迪斯老師要求學生儘量不使用自己最喜歡的四種表達方式，而是儘量嘗試一些新的形式來表達自己的觀點。她告訴學生她的目標並不在於讓學生重複已有的知識和能力，而是突破自己的現有水準和侷限；採用新的表達方式，進而有助於學生以一種新的視野來看待自己和所學的歷史課程。

基於興趣的差異化教學指導原則

俗話說「興趣是開啓世界的窗口」。對某個領域具有濃厚興趣，必然是學生學習相關知識和技能的重要途徑。瞭解和分析學生已有的潛在興趣領域是教師教學的重要組成部分。同時教師也應擴展自己在人們表達觀點情感和技能等方式上的認識。圖9.1描述了一個基礎框架，供教師在以興趣爲基礎的教學中加以選擇。你可以自由擴展添加你所認可的內容。

利用或擴展學生興趣的方法百百種，但須注意一些指導的原則，這會有助於教師更有效地展開以興趣爲基礎的差異化教學。

• **把以興趣為基礎的探究學習和關鍵課程內容相結合**。讓學生漫遊在自己的興趣領域並沒有什麼不妥。但通常來講，教師應該爲以興趣爲基礎的學習提出重點，這才是明智之舉。課程應詳細說明學生需要掌握的概念、範疇、理解點和技能，而如果教師能夠幫助學生透過對某個興趣領域的學習來瞭解和拓展課程的關鍵內容，那麼學生的個人目標和課程目標得以同時實現。基於興趣的探究學習各不相同，如果所有的學生皆能探索相同的知識和技能，那麼當班級展開討論時，就會更加容易和順暢。

• **提供引導學生成功的結構化學習**。基於興趣的差異化教學，有時和學生的獨立能力緊密相連。和傳統課堂中所有人都學習相同內容的做法相比，差異化教學中，學生關注不同的興趣點，因而學生可能分別進行不同的學習活動。有些學生在年幼的時候就顯示了較強的獨立性，另一些學生在通往成功的道路上則需要更多的指導和幫助。在學生獨立工作能力高低不一的情況下，教師都應該提供適合的幫助來發展學生的獨立性。爲確保學生更專注地投入基於興趣的任務工作，教師應著重考慮重要的課程結構元素，比如提問、設定目標、評量表、時間期限、檢查項目、同伴評量及有關如何展開研究的小型工作坊等。或者任何教師可用來發展和確認學生能夠在以興趣爲中心的任務中應付自如的結構化學習。

圖9.1
關注興趣

興趣領域

美術
- 攝影
- 繪畫
- 雕刻

文學
- 詩歌
- 散文
- 小說

技術
體育
科學
- 生命科學
- 自然科學

$$e=mc^2$$

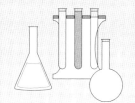

數學
歷史
社會科學
新聞學
政治學/政府
商業
音樂
- 歌曲
- 舞蹈
- 作曲
- 演奏

戲劇 / 電影 / 電視
旅行 / 文化
人類
- 英雄人物
- 反面人物
- 青年人

運動 / 休閒娛樂
手工藝

表達方式

口頭的
- 演說
- 討論會
- 戲劇表演
- 座談會

書面的
- 創造性的
- 陳述性的

設計的/建構的
- 展覽
- 模型

藝術的
- 圖表
- 繪畫
- 攝影
- 插圖

抽象的
- 觀念
- 計畫
- 理論

社區服務

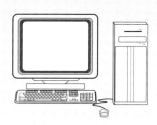

• **找到有效方法讓學生交流分享學習所得**。讓全班三十位學生每個人都來介紹自己的學習，並不是最好的方式。在教師沒有教會學生如何有效表達各自觀點之前，安排這種活動的效果會不太理想。在四人小組中分享成果（每個學生向其他三人做簡報）也許要比全班共同分享更為有效。如果四人小組中具有共同的興趣，那麼效果最好。但學生也可以透過和不同興趣的同學分享交流，進而瞭解更多的內容。你也可安排學生和有共同興趣的成人分享學習成果（此時可將找到合適的聽眾做為學習成果的要求之一）。學生可創造出成果展覽以供他人參觀，這遠遠勝過單純的口頭簡報。

• **為學生的興趣發展，創造一個開放的學習環境**。開放而充滿吸引力的課堂環境的方法之一，就是讓學生知道你接受他們的觀點，並希望瞭解他們的興趣所在。當學生知道你可以為他們的學習任務和計畫提供建議，並相信你會幫助他們擴展興趣時，師生便共同承擔起了學習主體的責任。幸運的學生或許聽到老師說：「我現在有個主意。看看我

們怎樣改進它？」「我們要學習一些重要的內容。你們希望怎樣學習？」「怎樣才能使你們對這個內容感興趣？」等。

• **以開放的視角和心胸來看待學生的學習熱情**。假設你的班上某個學生總是對課程之外的內容懷有極大的興趣，如果你能找到一種方法讓學生繼續保持這種熱情（哪怕這意味著你必須放棄原來的想法），你就是他最好的老師。對某些學生來說，教師給予學習者的最好禮物，莫過於允許他們探索某個主題，安排探索學習的時間，以及耐心傾聽他們的心聲。

如果你用開放的視角和心胸來看待他們，你就不會擔心這些學生因錯過了一次課、一周的家庭作業或某些班級討論，就會荒廢學業。因為在你看來，與精心設計和嚴格的實施課程相比，愛護和培育學生的學習熱情和願望，應該更勝一籌，更具有長遠的價值。而且，你可以經常把自己的教學計畫融入學生的學習計畫。

• **基於興趣的差異化教學，可以和**

其他類型的差異化策略融合的。安排學習任務或成果往往從全班同學的角度出發，進而結合了各種不同的要素，如有些是基於準備程度，有些是基於學習興趣，還有一些是基於學習偏好。雖然根據準備程度、學習興趣和學習偏好這些範疇來分別安排差異化教學的策略比較方便，但是在備課或教學中，完全可以交錯綜合使用。

以興趣為基礎的差異化教學策略

　　許多教學策略支持基於興趣的差異化教學。雖然因篇幅有限，本書雖無法詳細研究每種策略，但也會儘量使讀者瞭解相關訊息。

　　圖9.2為一些策略的簡要介紹。

　　• 自我探索（I-Search）。這種做法鼓勵學生深入探究各人感興趣的學習主題。自我探索學習能幫助學生認識自己的好奇心，發現並利用有效資源（包括訪談）來回答自己的疑問，記錄研究結果，並評量工作的成效（Joyce & Tallman, 1997; Macrorie, 1988）。

圖9.2
基於興趣的差異化教學策略

- 探索性研究
- 根據興趣學習概念與原理
- 學生選擇學習任務
- 獨立學習
- 軌道學習
- 設計一日活動
- 自我探索
- 導師制／學徒制
- 小組調查
- 興趣小組
- 拼圖法
- 文學小圈圈
- 網路探究
- 協商任務和成果的標準
- 學生選定觀眾

　　• 軌道學習（Orbitals）。這種策略鼓勵學生獨立提出個人感興趣的問題並尋找解決問答的途徑，以及設計和同伴交流分享的方式。問題的複雜程度可能不盡相同，而學習的時間也會不同。因此可用這種策略幫助某些擁有學術學習或研究能力的學生發展自己的興趣和愛好（Stevenson, 1992）。

• 設計一日活動（Design-A-Day）。學生自己決定在一堂課上或幾堂課上的工作。學生自行確定學習目標和時間表，按照學習目標完成工作並做學習評量結果。這種策略尤為適用於當學生具有特定興趣或想嘗試其他同學的活動時使用。另外，設計一日活動也可幫助學生逐漸適應高標準的長期學習形式（如學習契約等）。

• 小組調查（Group Investigation）。研究學習主題的可行性，參與合作學習以及自信地呈現調查結果等。這種策略要求教師和學生必須詳細瞭解在調查各個階段自己的任務和目標（Sharan & Sharan, 1992）。

• 網路探究（Web Quests）。網路探究是由教師設計的網路課程，包括明確的學習目標相關網路連結、以及幫助學生展開研究或探索發現的工作指南。教師設計的網路探究活動，其主要目的在於提供學習機會，讓學生或小組常運用研究，解決問題和基本技能來提出問題、得出結論及製作學習成果。根據準備程度來安排差異化的網路探究活動相對容易，但也可依據學生興趣來區分（Kelly, 2000）。

• 拼圖法（Jigsaw）。這種合作性策略中，學生先分組研究同一主題下方的某一項目，然後回到「固定」小組中，交流各自的學習所得。「固定」小組中必須有一名成員全面瞭解研究主題。在「固定」小組中，學生向小組成員簡報自己的學習結果，並從他人的報告瞭解其他方面的內容（Clarke, 1994）。

• 文學小圈圈（Literature Circles）。這種由學生主導討論的做法，主要是讓學生選擇各自的閱讀主題，然後以共同的閱讀興趣為基礎，組成不同角色扮演的小組交流討論。

• 師生協商標準（Negociated Criferia）。教師可以先向全班提出成果標準或任務要求，學生可根據自己的興趣再增添一些標準。這樣，教師對某個學生的標準可能是一項或多項。

　　教育界對於培養終身學習者的議題有諸多討論和看法。學校應幫助學生見識到學習是充滿艱辛和成功體驗的自我實現過程，認識到這一點並不難，但問題的關鍵在於如何實現這個目標。身為教師，如果我們努力培養並尊重學生的興趣與愛好，那就能說明我們離「終身學習」的目標又跨越了一大步。

第10章

依學習風格量身訂做的差異化教學

學習風格指的是每個人最佳的學習方式。我們都明白,有些學習方法對自己很有效,有些則不然。無論是常理、個人教學經驗,還是教育研究均指出,當教師能協助學生提升學習效率、達到有效學習時,教學成果較佳。根據學習風格來進行差異化教學,主要是為了幫助學生瞭解自己所屬的風格,並於課堂中為每個學生量身打造適合學習的環境。

學習風格的類型

教師可依下列四種學習風格來設計課程,以期符合所有學生的需求。縱然內涵互有重疊,但每種類型均經縝密研究,證明對學習過程具重大影響。而學生的學習方式、多元智能傾向、性別差異及文化背景都可能影響其學習風格,圖10.1所示為學習風格的幾種類型,學生與教師均適用。

依學習方式

學習風格的不同因環境或個人因素而異。有些學生在學習時宜動,有些則宜靜;有些喜歡周邊充滿形形色

圖10.1
聚焦學習風格

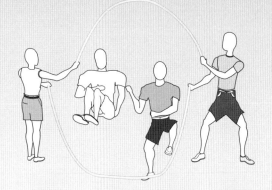

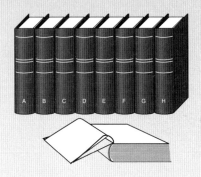

學習風格因素

*小組導向
個人導向
小組 / 同儕導向
成人導向
綜合方式

*認知風格
創意 / 整合
本質 / 事實
整體至部分 / 部分至整體
善於表達 / 謹言保守
線性 / 非線性
歸納 / 推論
人本導向 / 任務能力指標導向
具體 / 抽象
合作 / 競賽
人際關係 / 反思內省
容易分心 / 長時間專注
小組成就 / 個人成就
口說 / 視覺 / 肢體動能
思考型 / 行動派

色、五彩繽紛的東西，可以去看、去碰觸、去嘗試，但有些只在布置簡潔的環境中才能好好學習，因為複雜的環境會讓他們分心；有些學生喜歡光線充足、明亮的學習環境，有的則喜好光線較暗的地方。有些學生透過言語，有些則屬視覺型或觸覺型。雖然教師不可能隨時控制所有要素與細節，教師仍能夠提供學生選擇的空間。比較有可能的情況是，老師可營造的教室形態是，適合不同學習方式的「多功能」情境規劃。

依多元智能

「多元智能」傾向指的是學習者運用不同的大腦區塊以達到較佳學習成效。兩位理論研究學者曾為此發表過相關論述。霍華·迦納（Howard Gardner）於1993年提出，每個人的智能表現皆為下列程度各異能力之組合：語言智能、數學邏輯智能、視覺空間智能、音樂智能、身體動覺智能、人際智能、內省智能及自然智能，可能還包含了「存在」智能。羅伯·史坦伯格（Robert Sternberg）在1985年所提出的智力三元論中，人類智能的組合包括分析（學院派的線性學習法）、實用

（因應實際情況加以調整的能力）及創造（問題解決、連結新事物及革新能力）三個面向的組合。以上兩派學說均同意，依學生智能傾向而發展的學習法，可得到較佳的成效。

依文化背景

文化背景當然會影響學習。時間是定止或流動，表達情感是奔放或含蓄，發散學習或收斂學習何者有效，學習素材偏好前後連貫或是分散主題，喜好分組合作或獨立作業，崇尚創意發想或整齊劃一，性格屬內省或浮躁等等因素均影響學習甚鉅。以上這些學習進程又依文化差異，有著截然不同的結果。

此時，教師的目標並非刻意規定學生需用哪種方法學習，而應該持更開闊、彈性的態度，接納各種因文化背景而有不同思考的學生，鼓勵他們找到適合自己的學習方式。

依性別歧異

性別和文化一樣，對學習的影響不容小覷。總的來說，男生比女生更喜愛競爭，但也有部分男生偏愛合作學習，女生中也不乏有喜歡競爭的人。某些受

文化影響的因素同時也受到性別的影響
（例如：情感外放或含蓄，傾向群體或
個人，分析、創造或實用思考等）。

綜合型

文化與性別的結合會形成獨特的學
習風格。適合個人的學習方式為學習風
格、多元智能、文化及性別等因素的複
雜組合。敏感的教師應注意到，學生的
歧異可能小、可能大，因此教師應盡力
提供多種選擇，使每個學生能在大多數
情況下，以最合適自己的方式來學習。

差異化課程設計準則

儘管沒有任何教學策略可保證所有
學生能以各自合適的方式來學習，以下
仍提供一些準則，期能有效協助教師應
對各式學習風格的學生。

• **教師勿將自身學習風格套用於所
有學生**。如果你是高度依賴聽覺的學習
者，那麼你是、也會是個聽覺型教師，
這有利於和你一樣同屬聽覺型的學生，
但對視覺或動覺型的學生來說，就不是
那麼得心應手了。如果你在校成績優

異，分析性學習及知識的延展對你來
說，駕輕就熟，任教班級中的佼佼者能
夠自然跟隨，但對於那些需要更多創
意、知識連貫性及歸納技巧的學生，老
師若不走出自己的舒適圈，恐令學生身
陷迷霧。

• **幫助學生瞭解自己的學習風格**。
提供學生一連串關於學習風格的關鍵
字，開宗明義告訴學生，此番目的是為
幫助他們瞭解自己，端看他們屬於創意
型、實用型、分析型；競爭或合作；收
斂式與發散式學習風格。然後，邀請學
生分享哪種學習方式令他們感到最自
然。這不僅讓學生瞭解到，班上同學的
學習風格各異；身為好老師，必須尊重
各種學習途徑，不應獨守同一圭臬。

• **以「教師建構」與「學生自主」雙
管並行，達成差異教學設計**。由教師歸
納出幾種學習風格供學生探索乃有效的
教學。一般而言，只有教師能夠精確掌
握給予學生發表的時間，一旦老師沒有
時間依學習風格設計課程時，不妨讓學
生自主選擇喜愛的方式。他們可以選擇
獨立完成，也可以兩兩一組；倚靠書桌

或席地而坐；融入教室的自然聲響或戴上耳機隔絕外界，任君挑選。當學生與老師以「夥伴關係」共同營造教室學習氛圍，老師即能更省力地達成更多。

• **在開始階段先選擇幾種學習方式為重點**。對於學習風格，我們已有深入瞭解，但當我們開始依不同學習風格來設計教學，以回應眾多風格學習者的需求時，不妨先選擇幾種方式作為重點即可。例如：引用史坦伯格的智力三元論來設計學習任務；同時使用語言情境與事實型圖表來設計，並納入啟發學生視覺及聽覺的學習活動，是個好的開始。之後，提供學生更多自由選擇機會，以符合他們的學習需求。

• **向學生學習**。真正站在他人角度想，其實並不容易，尤其是面對與我們如此迥異的人生。我們常常忽略許多學生的文化背景與我們大不相同。為此，必須透過觀察、晤談以瞭解學生的真正需要，並請學生針對教學提出建議與替代方案。另外，家長的意見也相當值得參考。若我們可以把視野超越自己的小宇宙，必然可以帶領學生擁有不一樣的眼界。

差異化教學設計策略

　　根據學習風格設計差異化課程有許多具體策略，如圖10.2所列。以下將簡介其中幾項：

　　複雜的指令。此項策略強調教師對學生的精確瞭解，並判讀學生所表現出的智能組合，進而設計許多複雜的指令，藉由分組活動帶出學生的其他能力。（Cohen, 1994）

　　起始點。鼓勵學生根據自己的學習偏好進行某個主題的深入探索（Gardner, 1993），學生即可自然與其先備知識相結合。「起始點」探索可以是敘述式的（故事講述）、量化的（科學方法）、基礎性的（分析主題的核心思想或框架結構）、具審美觀的（感性的、藝術的方法），或經驗性的（實際操作、個別參與）。

　　四步驟系統學習環（4-MAT）。此法揭示，不同的學習者循：(1)學習的

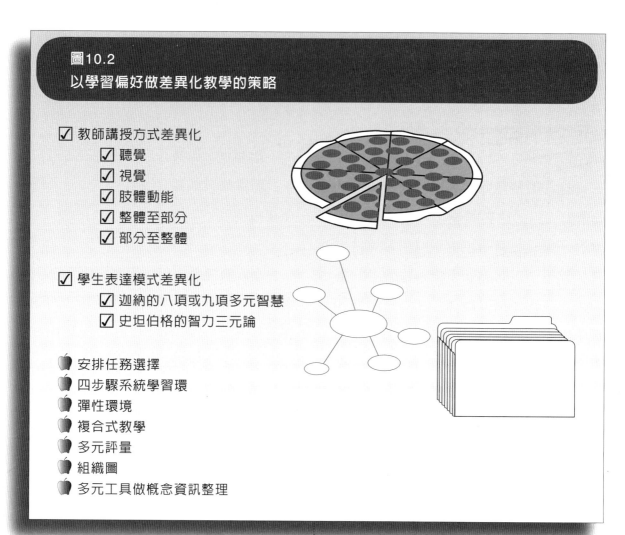

圖10.2
以學習偏好做差異化教學的策略

☑ 教師講授方式差異化
　　☑ 聽覺
　　☑ 視覺
　　☑ 肢體動能
　　☑ 整體至部分
　　☑ 部分至整體

☑ 學生表達模式差異化
　　☑ 迦納的八項或九項多元智慧
　　☑ 史坦伯格的智力三元論

🍎 安排任務選擇
🍎 四步驟系統學習環
🍎 彈性環境
🍎 複合式教學
🍎 多元評量
🍎 組織圖
🍎 多元工具做概念資訊整理

意義及理由，(2)對概念的瞭解，(3)個人的投入程度，(4)依主題創造新事物的四大步驟學習。運用此法則設計課程的教師，務必四項均重。這樣一來，可確保每位學生都有機會強化原本較弱的能力。

組織想法的不同方式。知道如何釐清和組織自己的想法，對學生的學習十分重要，因為這是理解知識、有效交流以及保留、獲得資訊的基礎。一般來說，學生採用何種方法來組織觀點並不重要，重要的是鼓勵他們選擇最適合自己的方法，例如概述（summarizing）、心智圖（mind-mapping）、概念圖（concept-mapping）、故事板（storyboard）或結構輪廓（outlining）等。當然，老師必須確定，所有學生瞭解他們可以做的選擇是多樣的。一旦操作完畢，我們即可快速看到學生在做選擇方面的偏好，而這其實就是依學習風格量身訂做的差異化教學。

運用不同學習風格，設計學習內容、過程及產出的差異化教學

如同依學習準備度與學生興趣所設計的差異化教學一樣，加入學習風格這項參數提供了老師發展差異化教學的另一個管道，以下為幾個案例：

＊　　＊　　＊

萊德老師有時會依學生學習風格設計差異化教案。她會錄下欲教授的關鍵題材，如此一來，聽覺學習者可不必僅依賴視覺學習而如魚得水。她有時也會在完成文本閱讀後，讓學生自願將內容「演」出來，因為她發覺，動覺學習者透過這樣的方式能理解得更透徹。在介紹概念給學生時，她一定使用網絡圖（graphic organizers）解釋主題的全貌，並且，她必然使用投影機與大型掛圖，這樣一來，學生即能兼顧視覺與聽覺的學習。

＊　　＊　　＊

在設計學習過程（process）差異化時，拉森老師使用了他稱之為「成功菜單」的方法。例如：他提供學生四種方式探索一個數學概念：

方式一：請學生用文字或圖片描述出問題的核心。

方式二：提供幾種解法，讓學生確認其正確性。

方式三：將問題與實際生活連結，考驗學生的應用能力。

方法四：請學生演示問題解決的每一步驟。

無論學生的選擇為何，他們可以自己決定單打獨鬥或並肩作戰。拉森老師跟學生說，學習不外乎在「成功菜單」中挑選出適合自己的食物，吃了得以健康學習。

＊　　＊　　＊

麥可老師在根據學習風格設計學習產出（product）差異化教學時，使用了幾種方法。因為她相信，這樣做的目標在於，讓每個學生展現所學、發揮潛力，所以她使用了不只一種評量工具來檢測學習成效，包括結合測驗與學習檔案（portfolio）。這樣不但兼顧了測驗的高效率，同時也顧及到不擅長考試的學生，可以在檔案製作上盡情發揮。當她出作業給學生時，至少提供兩到三種選擇，讓學生自己挑出呈現學習成果的方式。例如：博物館巡禮的作業，聚焦在展品及其介紹，學生可以寫成小論文或對話形式、以文字註解或圖解標示年代等。她也試著將每項作業素材與文物本身、視覺材料、訪談及科技等方法相結合。她的設計有時是單獨作業，有時是分組進行，有時則是讓學生自行選擇。

依學生的學習風格設計的教學活動有千百種，但切記，試著瞭解每位學生對於學習的反應過程，才能真正找到適合學生的學習方法。

總結上述元素

在發展差異化教學的初期，循著學生的學習準備度、興趣及學習風格，針對學習內容、學習過程及學習產出來教學是有幫助的。接下來，我們必須將設計給學生的任務巧妙融合在各項元素中，這樣不僅使我們更加聚焦教學本身，也可以幫助我們更進一步瞭解學生的需要。

然而，最終的目標還是期望，在大部分的時間，學生都能順著我們為他們設計的差異化教學達到有效學習（詳見圖10.3及圖10.4）。這意味著，我們必須將差異化教學的方法與技巧融會貫通，才能夠運用無礙。

即使運用差異化教學已經相當熟悉的老師還是會不斷地問：「學生在今天的課程安排上，真的受益了嗎？」答案若是肯定的，老師也仍會找尋其他替代方案，並邀請學生集思廣益，參與課程的課計（詳見圖10.5的診斷性問卷範例）。以下為一個小學老師的案例，在她的教室內，隨處可見差異化教學。

* * *

圖10.3

前後對照表：教學流程（中學實例）

前

1.教師介紹 → 2.學生閱讀 → 3.教師整理 → 4.學生進行 → 5.學生在家
　單元主題　　　指定內容　　　筆記　　　　　活動　　　　　練習

6.課堂討論 → 7.教師整理 → 8.學生進行 → 9.學生看教 → 10.課堂討論
　　　　　　　　筆記　　　　　活動　　　　　學影帶

11.學生完 → 12.學生接 → 13.進行下一
　　成專案　　　受測驗　　　　個單元

後

1.教師對學 → 2.以學生知 → 3.學生分別 → 4.教師、學 → 5.教師整理
　生知識、　　　識興趣為　　　閱讀不同　　　生報告說　　　筆記，講
　技能、興　　　中心主旨　　　程度的教　　　明閱讀內　　　述報告原
　趣進行前　　　介紹課程　　　材內容，　　　容，抓出　　　則並且示
　測　　　　　　　　　　　　　教師提供　　　關鍵知　　　　範
　　　　　　　　　　　　　　　適當支持　　　識、概念
　　　　　　　　　　　　　　　　　　　　　原則

6.使用離場 → 7.學生做教 → 8.兩項指定 → 9.教師經過 → 10.學生兩人
　通行卡測　　　師指定的　　　回家作業　　　消化後，　　　　一組進行
　驗學生　　　　分級任務　　　學生擇一　　　整理適當　　　　日誌寫作
　　　　　　　　任務需符　　　完成，但　　　的筆記　　　　　練習，可
　　　　　　　　合學生目　　　該項作業　　　　　　　　　　　自行選擇
　　　　　　　　前的認知　　　需對學生　　　　　　　　　　　夥伴或由
　　　　　　　　　　　　　　本身幫助　　　　　　　　　　　　教師決定
　　　　　　　　　　　　　　最大

11.依據學習 → 12.教師列 → 13.教師複習 → 14.大班討論 → 15.學生作測
　　興趣進行　　　出學生　　　　並進行迷　　　提出不同　　　　驗，測驗
　　主題式的　　　成果的　　　　你工作坊　　　難度的問　　　　內容要包
　　拼圖式小　　　基本要　　　　教導學生　　　題　　　　　　　含共同及
　　組練習　　　　素供學　　　　成果發表　　　　　　　　　　　差異化元
　　　　　　　　　生選擇　　　　的技能　　　　　　　　　　　　素

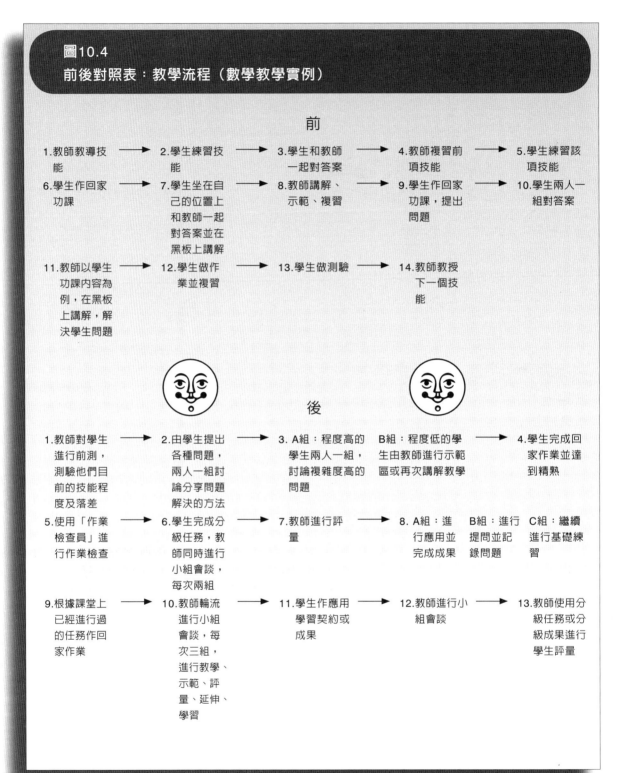

圖10.4
前後對照表：教學流程（數學教學實例）

前

1. 教師教導技能 → 2. 學生練習技能 → 3. 學生和教師一起對答案 → 4. 教師複習前項技能 → 5. 學生練習該項技能

6. 學生作回家功課 → 7. 學生坐在自己的位置上和教師一起對答案並在黑板上講解 → 8. 教師講解、示範、複習 → 9. 學生作回家功課，提出問題 → 10. 學生兩人一組對答案

11. 教師以學生功課內容為例，在黑板上講解，解決學生問題 → 12. 學生做作業並複習 → 13. 學生做測驗 → 14. 教師教授下一個技能

後

1. 教師對學生進行前測，測驗他們目前的技能程度及落差 → 2. 由學生提出各種問題，兩人一組討論分享問題解決的方法 → 3. A組：程度高的學生兩人一組，討論複雜度高的問題　B組：程度低的學生由教師進行示範區或再次講解教學 → 4. 學生完成回家作業並達到精熟

5. 使用「作業檢查員」進行作業檢查 → 6. 學生完成分級任務，教師同時進行小組會談，每次兩組 → 7. 教師進行評量 → 8. A組：進行應用並完成成果　B組：進行提問並記錄問題　C組：繼續進行基礎練習

9. 根據課堂上已經進行過的任務作回家作業 → 10. 教師輪流進行小組會談，每次三組，進行教學、示範、評量、延伸、學習 → 11. 學生作應用學習契約或成果 → 12. 教師進行小組會談 → 13. 教師使用分級任務或分級成果進行學生評量

圖10.5
診斷學生準備度，興趣，學習偏好

依學習興趣做問卷調查：關於羅馬，你想要知道什麼？

這個單元是古羅馬城，以下是我們在這一單元會學到的主題，我們想要知道你想要學什麼，將你的選擇依照順序1到8標記，1是最喜歡，8是最不喜歡。

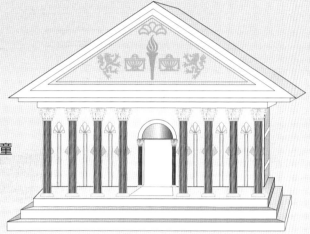

—— 地理知識
—— 政府法律
—— 農業 種植哪些經濟作物
—— 建築物
—— 音樂與藝術
—— 宗教與運動
——性別角色：男人、女人、兒童
—其他：請列舉

依學生準備度做問卷調查：告訴我們，關於羅馬，你知道什麼？

1.羅馬在哪個國家？

2.文明是什麼意思？

3.列出兩個以上不同文明。

4.列舉有名的羅馬人。

5.很多自己國家的文化皆來自古羅馬人，你認為呢？

資料來源：丹妮斯‧墨菲，貝絲‧波特。

圖10.5（續）
診斷學生準備度，興趣，學習偏好

學習偏好問卷調查表：你喜歡什麼樣的學習方式

1.我在安靜時學得最好	□是	□否
2.我工作時可以不受他人交談的吵雜聲所干擾	□是	□否
3.我學習時喜歡使用桌子	□是	□否
4.我學習時喜歡坐在地板上	□是	□否
5.我為自己而努力學習	□是	□否
6.我為了父母師長而努力學習	□是	□否
7.無論在任何情況下，我一定會堅持完成作業	□是	□否
8.有時我感到灰心沮喪，半途而廢	□是	□否
9.我希望老師在布置作業時，能明確告訴我如何完成的步驟	□是	□否
10.我希望老師在布置作業時，能讓我自己思考出如何完成的步驟	□是	□否
11.我喜歡獨立學習	□是	□否
12.我喜歡結伴學習或小組學習	□是	□否
13.我喜歡做沒有時間限制的作業	□是	□否
14.我喜歡做有時間限制的作業	□是	□否
15.我喜歡在學習時走來走去，或者能親自動手操作	□是	□否
16.我喜歡安靜地坐下來在書桌旁學習	□是	□否

資料來源：丹妮斯‧墨菲，貝絲‧波特。

陳老師與學生一同學習各領域的開創者與他們的經歷。當她在選擇閱讀素材時，會確保材料適合各種程度的學生。有時，全班會一起讀同一部分；有時，他會給部分學生指派特別的作業；有時則讓學生自己選擇要讀的東西。她所考量的是全班同學的共同需要，並兼顧個人對於閱讀準備度暨興趣的差異。

當陳老師在規劃活動時，她設想到：某些任務適合同質分組，某些則適合異質分組。舉例來說，要讓學生磨練寫作技巧時，她會採用同質分組，因為同組的人有著相似的學習目標。另一方面，當學生在撰寫劇本，以描述在探索過程遇到的困難時，則需安排具有不同才華的同學（有創意、有戲劇天分、天生寫手、領導者等）在同一組，方能激盪出更精彩的火花。

在課程終了之時，學生上臺報告「顛倒古今開創者」展示其學習成果。所有學生負責將所學到的知識及技巧融合在一起。老師將依學生可接受的閱讀量和學生的先備知識指定每位學生研究一位歷史上的人物。學生則可以在老師提供的列表上自己選擇一位當代開創者。這樣一來，學生就可以其興趣作選擇，例如科學、運動、寫作、科技、影視等等領域。學生當然可以獨立作業、兩兩一組，甚至是三到四人的集體合作。在過程中，參與的同學深入比較古今開創者的異同，細緻的程度彷彿小型研討會。

上述情況為全班性的教學，但在實際教學現場，常常需因學生個別情況加以調整，這是絕對必要的，因為學生這樣才會認為，教室內的活動是為他而設計的。

圖10.3與圖10.4提供了兩個例子，顯示結合所有元素後的差異化教學樣貌。在這兩個例子中，一開始的狀況都是，一套教學法通到底，到後來因應個別學生需求，教師重新調整的案例。

診斷學生的興趣、學習準備度與學習風格

雖然坊間已有許多出版品幫助老師針對學生的學習準備度、興趣與學習風格，但有時循著常模，加上老師的一點點巧思，效果卻出奇地好。圖10.5提供了這樣一個例子：

　　兩位新任教師瞭解到，他們必須儘快適應原本不熟悉的一群學生。在開始設計一門介紹古羅馬的基礎課程時，這兩位老師根據學生的先備知識及接下來要教授的課程，發展出一套三階段的評量，其中包含了一些問題，可以測出學生的興趣及學習風格。如圖上所示，評量形式相當直白且易懂。我們可從中發現，經過這樣的三階段評量，教師即可清楚掌握學生的個別狀況。

　　請切記，每個學生都有自己的潛能，不論在認知或技能上，而他們每個人無不想學得好。老師應考慮每個人無限的可能，運用自製的工具、觀察力即自省能力，無時無刻為學生尋找最適合的資源。

＊　　＊　　＊

　　在下一章，我們將把焦點從學生轉移至課程內容，儘管如此，從學生身上學習是永遠必須牢記在心的事。

第11章

學習內容差異化

切割「內容、過程、成果」三項課程元素，這件事情既困難，也有點不太自然。因為，學生在閱讀內容的時候，他們同時也在處理腦海中的思緒；當學生創作成品的時候，他們也同時在思考；當學生在學習新素材時，產生了新的想法，他們也會整合他們腦海中原有的想法，並將這些思緒化為成果。不過，比起逐一檢視每一項課程元素，相較之下，如果轉而思考我們如何在教學指令上採取差異化的可行性，在教學效果上反而比較高。只是我們在教學的時候，要記住「內容、過程、成果」這三項元素之間的連結，這項連結它遠比文中所談的更為緊密相連。

內容，指的是教導與學習的「輸入」。它是我們所教授的事物，是我們要學生學習的東西。

我們可以從兩個方面來思考內容差異化。其一，為達到內容差異化，我們可改編我們所教的事物；其二，我們可以改編或修正我們要學生接觸學習事物的方式。舉例來說，如果我讓某些學生做三年級程度的分數題，而同時讓其他人專注在學習除法，那麼我就是把他們正在學習的事物差異化。同樣地，我應該根據學生當下的

拼字能力指派他們作業，不是在班上有些人僅有一年級的拼字程度，而有些人有高年級拼字程度的同時，卻還要求所有的人都得完成四年級程度的拼字練習。另一方面，如果我遇到的情況是，班上有些程度好的學生，他們可以自主、快速地閱讀完一部小說，而我又發現自己有多出來的時間可以讓程度較低的學生也讀同一本小說、並安排同儕夥伴協助他們閱讀的時候，我就會儘量讓所有的人讀相對相同的材料，只是改變了我的教學途徑。

一般而言，保持學生學習的事物不變，改變的是我們的教導途徑以符合學生的需求，這樣會比較有益。雖然有些時候，改變我們所教的事物可能比較有意義，當我們教導拼字或數學運算這類線性思維的技巧的時候，後者採取的作法尤其合理。

學習內容差異化以因應學生需求

因應學生的學習準備度、學習興趣、或學習偏好，我們可以在學習內容上進行差異化教學。我們也可因應準備度、興趣、偏好上的各種排列組合，而在內容上採取差異化教學。

• **內容學習準備度差異化**，它的目的乃是把學生應要求而學習的素材或資訊，使得它們能夠符合學生他自己的閱讀能力與理解能力。舉例來說，要求一個五年級的學生得靠一己之力閱讀九年級程度的內容，且他大部分的作業都和九年級相關，這是在浪費時間。這跟對一個不太能讀、說英文的學生，要求他得閱讀他當年級的美國歷史課本，一樣的不適當。使用「等化器（Equalizer）（圖8.1）」作為指引，自問學習的材料是否在複雜度、自主性、步調等等上面，能否符合適當的挑戰難度，這是瞭解內容學習準備度差異化的其中一種方式。

• **內容興趣差異化**，它所包含的課堂想法與素材，是以學生當下的學習興趣、或為了延伸學生的學習興趣為基礎。舉例來說，英文老師會鼓勵一個夢想當新生代喜劇演員的學生多讀與幽默有關的選文。歷史老師會幫助學生蒐尋網站，滿足他對美國原住民在內戰扮演的角色的好奇心。

• **內容學習風格差異化**，它確保學生有辦法「得到」符合他偏好的學習的素材與想法。舉例來說，有些學生需要老師使用投影片與演說檔——連結視覺與聽覺學習——才能夠吸收演講的內容。有些學生得大聲念出聲音才有辦法吸收閱讀的內容，但有些學生讀書時卻需要全然的安靜。閱讀科學文本對某位學生是瞭解「可行」概念的入場券，但另一位學生或許要看到現場實驗，用各種範例說明「可行」與「不可行」之後，他才能夠比較瞭解意思。

以上述為例，面對一群要上國中自然課、開始要學哺乳類動物特色的學生。任課教師今天計畫了好幾種方式，她要向她的學生介紹跟哺乳類相關的概念、詞彙與論點。首先，學生先選出五種他們想研究的脊椎動物（根據學生的學習興趣，針對學習內容進行差異化教學），然後，每一個研究小組皆獲得好幾種研究方式，用來著手研究各組自己選出的哺乳類動物。對於每一種哺乳類動物，教師都準備了一小箱、內含不同閱讀程度的書籍（根據學生學習準備度，進行差異化教學）。此外，每一種哺乳類動物都有相關的錄音帶或錄影帶，也有相關的網站（根據學生的學習風格，進行差異化教學）。

除此之外，學生可以在他們的課本上「任意塗寫」做筆記，或者依據老師給予的格式做筆記（因應學生的學習準備度進行差異化教學），這位任教老師靈活地展現出她如何運用各種方式進行學習內容差異化教學，她並不更動概念、論點與技巧（這些事物是她希望她的學生習得的），加以更動的是，她如何讓她界定為重要的「輸入」，能獲得有效的學習途徑。

學習內容差異化的各項策略

有些策略可用來執行學習內容差異化。其中，有幾項策略適合我們把學生該學的內容進行差異化，而其他的策略則適合我們將如何讓學生學習該學的內容，其中所採用的途徑，而進行差異化。這些策略大部分都可依據學生的學習準備度、學生的學習興趣與學生的學習偏好，去針對學習的內容進行差異化教學。

概念本位教學

　　在許多課堂裡，學生得背多分式
地「罩住」很多知識、字彙單字、人名
地名、日期、以及公式，而不幸的是，
當他們把所學來的資訊丟諸腦後、繼續
學下一個主題或下一課的時候，他們也
遺忘了大多數「所學」的東西。像這樣
「記憶遺失」的情況，它之所以會發
生，是因為學生從來沒能真正瞭解或見
識到他們學習的目的是什麼。別讓學生
在知識的泥淖中蹣跚前進，你其實可以
藉由強調知識的關鍵概念與原則，幫助
你的學生瞭解且見識到知識在研究領域
的效用，因為基礎概念正是一切意義的
砌磚。

　　與其讓學生花一個月的時間背誦
動物的種類或者研究企鵝，倒不如讓學
生利用同樣的時間去研究動物王國裡的
型態、討論動物特性、使用特性去辨識
動物或將動物進行分類、以及學著如何
從動物的棲息地預測動物的特性、或者
是反過來，從動物特性去預測棲息地。
「型態（Patterns）」是支持科學家看
待事物與分類事物的基本概念，讓學生
能夠熟稔地決定與預測動物型態，並且
能夠運用這些型態進而思考生命的各種

形式，可以幫助學生：(1)瞭解一件事
情，而非僅是背誦一件事情；(2)因為
想法與事實變得有意義，因而能更牢記
它們；(3)找出某事物的諸多面向，以
及它與其他事物之間的關聯性；(4)把
得到的想法連結到他們的生活裡；(5)
建立起意義的網絡圖，因而能有效地面
對未來的知識。

　　教學指令的差異化十分有用，因為
它能專注在概念與原則上，而不盡然只
有事實。懂得在教學指令上採取差異化
的教師，只會提供少量的反覆演練題型
（因為這些練習題既沒太大意義、也對
未來的學習沒太大的影響力），而較專
注在基礎的、有意義的理解，目的是創
造出可轉移的學習力。

　　一位國小教師她用了一個經過差
異化處理的單元，來教導學生絕種的
概念。她的班級學生要探究兩個重要原
則：(1)絕種是因為環境裡的自然變化
而產生，以及(2)絕種是因為環境裡的
人為改變而產生。一組學生以恐龍做為
絕種的例子，研究是哪些改變可能造成
了恐龍的滅絕，而另一組學生則比較恐
龍的絕種與今日雨林面臨的問題，找
出兩者之間的異同處。這兩組的學生都

會面臨到極有說服力的科學原則、具體的證據、以及需要他們做出假設與下定結論。但一組學生只要以比較基礎的、具體的、單一面向的方式來研究恐龍絕種，而另一組學生研究的方式則比較具有變化性、抽象的、多面向的。教師要能先預設好各項任務與素材的「等化鈕（equalizer buttons）」，搭配各組當下的學習需求。

　　熟知你授課內容的重要概念與原則，是你思考差異化教學的一個好開始。它能讓你的教學更具一致性且更有效能。

進階協議課程

　　協議課程這項策略由康乃狄克大學的Joe Renzulli提出，它特別設計用來幫助進階學習者去擴大他們學習的可用時間（Rezis & Renzulli, 1992），且濃縮課程的歷程分成三個階段。

　　第一階段，教師辨識出能夠接受協議課程的學生候選人，評估他們對於某特定主題或章節已知與未知的內容有哪些，學生可以自己要求接受協議課程，抑或者是由教師決定要「進階協議」哪個學生。

　　初步的評量不是在學習之前、就是得在學習的初期開始進行。評量的方式可以是正式的（像是紙筆後測），也可以是非正式的（像是師生雙方針對某個已經學過的主題進行集中式對話），在評量之後，教師記下學生已經精通哪些技能與獲取哪些知識（例如：已經熟知內容的百分之七十到七十五）。接受濃縮課程的學生們，由於他們不需要跟全班同學一起接受指導、參與活動，因此他們可以「省下時間」去學習更有挑戰性、更有趣的材料。

　　第二階段，教師要記錄下學生針對所學的事物當中，還有哪些技能與知識未能掌控得宜，然後教師得安排一個計畫以確保學生能學到該學的內容，這項計畫可能會需要當事人在學到某些地方時，加入班上其他同學的討論，或者是增加當事人額外的作業，提供他反覆練習以磨練他技巧上的不足，又或者是讓當事人在進階協議課程的第三階段，也就是最後一個階段，在他的作品裡面展現出他技巧上的純熟。

　　第三階段一開始，當班上其他同學還在做自己的作業的時候，教師和接受進階協議課程的同學需一同設計一

項研究調查或研究草案，好讓後者可以執行。師生雙方要能夠對這項計畫的界限、目標、時間軸、任務完成的步驟、評量的標準、以及其他任何必要的元素，雙方皆能達成共識。學生不需要再次投入他獲得的自由時間在任何他已經「進階協議學習過」的學科，好比說，有個已經學習完數學的學生，他可以選擇花時間研究某個他特別感興趣的領域，例如科幻小說，又或者是倘若他對數學特別感興趣，那麼他或許可以研究怎麼在班上使用進階的數學軟體。

使用進階協議課程時，持續記錄整個學習歷程可帶來三個好處：(1)教師可以展現出他（她）對於學生學習的教學責任，(2)學生家長可以瞭解，為什麼他們的孩子接受另外的學習任務會對孩子自身有莫大的好處，以及(3)學生可以意識到他們自己特有的學習風格。

光是學習他們已會的事物，進階學習者們其實什麼都學不到，但是期許他們能持之以恆地在校內參與有挑戰、有生產力的學習，進階學習者們獲益匪淺。而濃縮課程正好能減少前者的發生，增加後者的可能性。

使用各種文本與資源材料

根據年級所設計的各級教科書，它們對同一個班上的某些學生來說可能太過簡單，但對其他的學生可能太難。所以若能運用多樣化的文本，並將文本結合其他各式各樣的補充教材，如此一來，你將更有可能找出對於學生個人有意義的文本。你可以利用其他年級、沒人要的教材，在班上成立一個班級圖書館，進而建立起一套差異化教學資源（或是提出要求，把教科書的書費拿來買三套不同版本的教材，而不是每個人一本同樣的課本），或者是蒐集各種雜誌、報紙、傳單簡介與其他印刷材料。

比起昔日，透過網路取得的大批教學材料，讓教師更容易根據學生的需求，將學生的學習材料進行差異化。通常，進階學習者會使用進階的學習材料，但他們有時候也會發現，在開始進行一項複雜的研究時，偶爾從較無挑戰性的資訊來源所取得的直接、簡單的陳述內容，讀起來會對他們有很大的幫助。同樣的，中低階的學習者有時反而透過閱讀進階資料來源裡的圖表或圖畫，而更能理解概念。

學生的學習任務需要改變，他們學習的資訊來源也需變化。許多的電腦程式都是一階比一階還有挑戰性、還要複雜。在數學或科學當中，有的學生或許需要透過操作才能瞭解某一個概念，而有的學生則完全不需要操作，就能夠透過原理或透過閱讀，進行抽象的概念運作。有的錄影帶可以清楚說明特定的重要概念，而有的錄影帶可以既廣且深地探索廣泛的內容，十分適合對於此一主題學習較不深入的學生。對於同時上其他課程、還得學英文的學生而言，比較好的方式是先以母語進行閱讀，再改採用英語。關鍵在於要能夠因應學生的學習需求，配合學生學習材料的複雜度、抽象度、深度、廣度與資料來源。不要忘記學習文本與其他的學習材料，它們不但可以對應學生的學習興趣，還可以對應學生的學習準備度或學習風格。

學習契約

教師與學生之間的學習契約有幾種形式。有一種契約，答應學生可以自由運用課堂時間，前提是他們能負起學習責任且能有效學習。有些契約則包含「技能」與「內容」兩者，它們有助於管理差異化的教室，因為這類型的契約可以因應學生的學習需求而有所變化。

舉例來說，有一個四年級的班級，全班學生都使用學習契約。學生傑克的契約上註明，在契約到期一週前，他得完成兩項拼字表、完成電腦學習軟體一位數除法的兩級、並且從他自選的一部小說裡完成人物性格的描述研究。傑克的拼字練習有一點超出他的年級程度，反映出他擅於拼寫。由於他的數學作業低於年級程度，額外的電腦線上練習可以幫他更有信心接續學習。而傑克他所自選的小說正是根據他自身的興趣，而他被指定的作業——比較小說人物與傑克他自己之間的相異處，思考並書寫下來——設計用來幫助他省思一個作家乃是透過哪些重要的策略而發展出角色們。

學生珍妮也簽了一道跟拼寫、電腦作業、小說有關的學習契約。但珍妮並不用完成拼字表，因為她的拼寫能力高出她現在年級好幾年，她採用的是較為進階的字彙學習策略。珍妮用電腦學習軟體進行三位數的除法練習。她也選了一本喜歡的小說，分析主角，並運用角色的特質創造出一個反面、或是鏡像角

色。

傑克與珍妮兩個學生，他們兩人皆得規劃出每週應做的計畫活動有哪些、決定哪些任務得在學校完成、哪些得在家裡完成、並且逐步加深地吸收處理這些對他們來說頗具挑戰性的內容。他們兩人都要對自己的時間與自我管理負起責任，並知道如果他們違反了契約上應負的責任義務，老師就會給他們額外的工作做。傑克與珍妮兩人，跟另外兩個也簽了契約、但契約內容略有不同的同學們，四人共用同一張桌子。

學習契約融合了一種共有學習的目標感，並結合每個個體的適合度與獨立作業的表格。它們也給了教師時間，能夠依據學生的進展與需求而來進行工作坊、小組學習或個體學習。

迷你課程

當老師跟全班同學介紹一個新概念的時候，很有可能有些學生馬上就懂了（他們也可能因為已經熟知概念、技巧或資訊，就乾脆跳過這一課），而有些學生仍一頭霧水、或迷失在老師「輸入」給他們的內容。在這樣的情況下，迷你課程是個針對學習內容進行差異化

的一種好辦法。

根據教師對學生理解程度的評估，教師可以選擇重新教導一部分的學生，或者換個方式教導一群學生，又或者針對另一群學生去擴展他們的理解與技能。而迷你課程可以相當有效地因應學生的學習準備度、學習興趣、或學習風格，而鎖定他們的學習內容。

各種支援系統

藉由使用各種支援系統，你可以讓學生得到複雜度不等的學習內容，例如共學夥伴（study buddies）、共讀夥伴（reading partners）、錄音機或錄影機、同儕或成人心靈導師（peer mentors and adult mentors）。這些策略能夠幫助許多身為學習者的學生們拓展他們的能力。

共讀夥伴與錄音／錄影機。一個五年級的學生，可以在一部給需要閱讀協助的二年級生的有聲書當中，令其表現傑出。一個三年級的學生針對他同年級教材所錄下的錄音或錄影檔，編成可以豐富他同年級、但有解讀長篇段落困難的同學的學習素材。國高中生可以錄下錄音帶，簡述某特定主題的某文章

內容，好讓某些學習能力較強的六年級生在課堂或圖書館之外，仍有辦法吸收訊息。有些六年級生可以透過錄下一捲錄影帶，教導四年級的學弟妹們如何發表演說。程度較好的四年級生也可以針對社區的各種建築形式，做出一捲錄影帶，這捲帶子可以拿去給幼稚園的學習中心使用。

筆記架構圖。有些學生，即便是年長的學生，會發現自己很難在讀完一篇文章或聽完一場演說後，就能瞭解它到底在說什麼。對於這樣的學生，他們最好能使用一個呈現文本或演說內容概念的視覺架構圖，這樣的架構圖不僅能夠幫助他們專注在重要的概念與資訊上面，還能夠幫助某些學習者瞭解一位教師或一位作者是如何建立起思考的順序。不過要記住，自讀的學生可能會覺得使用這種架構圖很受限制，所以訣竅是要永遠提供每個學習者一種能幫助他（她）成長的支援系統，而不是一種活像是障礙物的支援系統。

用螢光筆標記的印刷資料。老師可以在文本或補充教材上面標示出重要的段落，並將這些標記好重點的資料副本放在教師桌上，當學生無法消化整個章節或全文的時候，老師就可以拿一份標記過重點的資料給他。從外表看來，這份資料跟每個人手上的一模一樣，但是因為有重點標示的緣故，學生就可以只把力氣用在閱讀與理解這一章的重點，而不會因為那無法跨越的閱讀份量而倍感氣餒。

重要概念文摘。多數懂得有效教學的教師們，會用少量的時間以一到兩頁的篇幅整理出一個單元的重點，這樣的文摘對於很難吸收印刷資料、演說、甚至是資訊組織的學生而言，甚是受用。文摘的內容可以是句子與段落、流程圖、單元或主題的概念圖、或是統整。文摘也可以強調關鍵字，提供單元欲傳達的重要問題，這種文摘也有助教師澄清自己對於單元或主題核心內容的思緒。

同儕或成人心靈導師。長輩們經常自發性地會想幫助那些課業落後且需要額外指導的年輕人學習，而所有的學習者——不僅僅是那些學習困難的人——

都從與長輩們相處的時光中獲益良多，因為長輩們能回答他們共同有興趣的問題、能磨利他們的思緒、或給予他們進階研究的技巧。只要興趣相同，即使是一個聰明的五年級生也能成為三年級生的心靈導師。透過班上、校內、社群裡的人與科技，你可以創造出廣大的支援系統，藉此讓每個人有機會爬得更高、學得更多、且為彼此的學習有所貢獻。

* * *

毫無疑問，你還有其他的方式能夠找出配合學習者的準備度、興趣與學習風格的學習內容，學習內容差異化的主要目標乃是提供不同「輸入」（資訊、想法、技巧）的方式，並能個別地因應學生現下所處的位置，大力扶持他們邁進。下一章將談教師教學上該如何採取不同的學習過程。

第12章

學習過程差異化

學習過程，意指理解的展現（sense-making），又或是如同字面所言，它給了學習者機會去處理他們初習得的內容或知識與技巧。當學生遇到新的知識、資訊、技巧的時候，他們需要時間透過他們自己的意義過濾器而來消化輸入的內容。當學生們試圖用習得的材料來分析、運用、質問、或解決問題時，在這份材料確實成為「他們自己的東西」之前，他們得先瞭解這份材料。資訊處理的過程，或是理解的程度，是教學的重要一環。少了這個過程，學生不是忘記所學的知識，就是根本混淆了它們。

在學校的語言裡，學習過程常被稱為學習活動。比較聰明的辦法是使用「意義化活動（sense-making activity）」一詞，這個字眼可以用來提醒我們，唯有在學習過程直接了當地針對學生在學習之後仍需要知道、瞭解、且能夠執行的事物上著手，那麼活動它作為一個學習的工具媒介，才能真正達到學習的最大效果。

已經知道怎麼把分數轉化為小數的學生，並不需要再參加跟說明其背後數學定理有關的活動，因為他們已經能夠處理資訊，也能瞭解資訊的意

義。對於分數仍一知半解的學生則還不能學習如何將分數轉化為小數，他們需要的活動反而是要能夠幫助他們釐清分數當中，整數與幾分之幾的基本數學原則。

任何有效的教學活動，基本上都是意義化的過程，它的目的是幫助學生從當下的理解進展到更複雜的理解。學生們最能夠輕易地處理知識與資訊，是當他們的教室活動具備下列的特質：

- 對學生而言很有趣。
- 號召學生進行高階思考。
- 讓學生使用關鍵性的技巧瞭解重點。

好的差異化教學活動，它們首先是好的活動——具有以上的特質。而這些活動之所以能有差異化，是因為教師不只運用一種方式讓真正重要的內容產生意義。事實上，思考一個好活動與一個好的差異化活動之間的關係，應該是這樣的：

> **一個好的活動讓學生們能夠做到：**
> - 使用基本技巧與資訊
> - （某事）以瞭解基本的概念／原則或回答一個基本的問題
>
> **一個好的差異化活動讓學生們能夠做到：**
> - 在不同的時間範圍內，以不同精密的程度，進行各式各樣的學習模式
> - 獲取教師或同儕不同程度的支援（鷹架理論）
> - 使用基本技巧與資訊
> - 瞭解基本的概念／原則或回答一個基本的問題

如同先前的學習內容，學習過程或意義的生成，也能因應學生的學習準備度、學習興趣、與學習風格而產生差異化：

- 根據學生的學習準備度而將學習過程差異化，指的是配合學生現有的知識與技能程度，揀擇學習任務的複雜度。

- 根據學生的學習興趣而將學習過程差異化，指的是針對學生要精熟的某一主題的各個研究面相，給予他們選擇的機會，又或者是協助他們連結個人的學習興趣與有意義的學習目標。

- 根據學生的學習風格而將學習過程差異化，指的是鼓勵學生用他自己偏

好的方式來讓一個概念產生意義。好比說，用肢體運動的方式探索或表現出他們所學，或改以空間的形式、語言的形式、創作的形式來表達，學生也可以決定要獨自完成作業，還是想跟組員一起完成，也可以自己決定要坐在地上做作業，還是坐在椅子上。

　　本書的其他章節會針對學生的學習準備度、學習興趣、與學習風格進行更多關於差異化的探究。

支援學習過程差異化的策略

　　多數的教學策略（詳見圖12.1）皆鼓勵教師讓學生採取小組學習或獨立學習，運用這些策略，教師就更輕易地影響每個個體，並且採取能夠符合個人需求的學習活動或過程，而一般以一個班級為單位的教學方式並不能產生這種效果。雖然對於教師而言，能自在運用各式各樣的教學策略，並且進一步帶來更有彈性的教學，這實在是好玩且有用的一件事情，但是重點是要記住，唯有教學過程的品質與專注在學生該做的事情上，它們才是最要緊的事情。

　　以下列出教育家們已經發展出的教學策略，它們能帶來較有彈性且意義化的學習過程：學習日誌（learning logs）、學習週記（journals）、架構圖（graphic organizers）、創意問題解決（creative problem solving）、骰子（cubing）、學習者中心（learning centers）、學習興趣中心（interest centers）或興趣小組（interest groups）、學習契約（learning contracts）、文學圈（Literature circles）、角色扮演、合作辯論（co-operative controversy，其中學生以某一議題的不同面向進行爭論）、選擇板（choice boards）、拼圖式學習法（jigsaw）、思考—配對—分享（think-pair-share）、心智圖（mind mapping）、PMI（針對討論中的主題列出優勢（P）、劣勢（M）、有趣的地方（I））、建模（model making）與實驗室。

　　具有不同難易度的多層作業或平行任務也十分有助於學習過程的差異化。每一種策略都能夠讓你的學生進行不同的思考或過程反應。當學生的學習反應符合他們的學習需求與特定的學習目標時，意義化的活動會最有效。

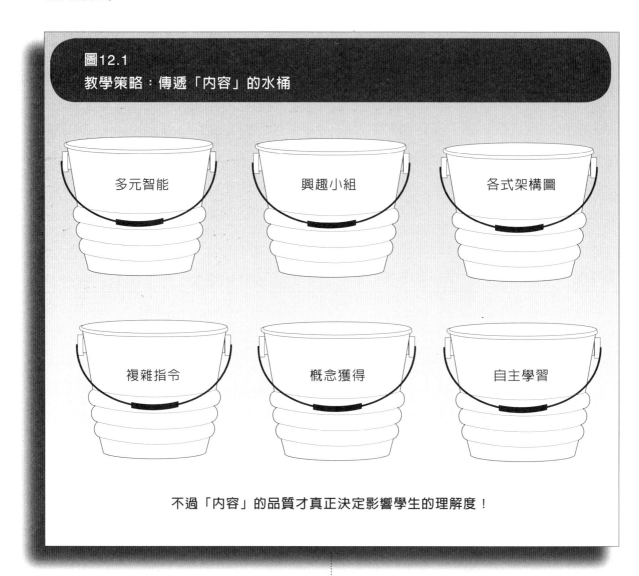

圖12.1
教學策略：傳遞「內容」的水桶

多元智能	興趣小組	各式架構圖
複雜指令	概念獲得	自主學習

不過「內容」的品質才真正決定影響學生的理解度！

這些教學策略都十分適合一個學生能力程度不同的班級，提供這個班級學生不同的差異化意義生成或學習過程的選擇。以下兩個教學現場，它們將呈現出教師們如何採取上述某些教學策略，幫助學生以他們最合適的方式去處理與「擁有」重要的知識。

傑克森老師與骰子

傑克森老師二年級班上的學生們正在學習族群的概念。現在，他們正在審視動物族群跟人類族群之間，哪些地方相像，哪些地方不相像。上星期，這個班的學生才剛看了介紹螞蟻的影

片，而昨天他們閱讀蜜蜂的資料，並且每個人從傑克森老師列出的清單上各自挑選了一個動物來研究。今天，他們要繼續做他們的研究，而傑克森老師想確定他的每一個學生都確實瞭解一個族群的基本元素，以及這些元素該如何運用在動物身上。為了幫助他的學生們思考且瞭解這些概念，傑克森老師採用了骰子（cubing），他在一個六面立體的骰子上分別寫上給學生的指令：描述、比較、講述你的感覺、講述部分內容、運用、以及講述好與不好的一面。

傑克森老師給每一個學生一個骰子，綠色或藍色的骰子。拿到藍色骰子的學生是讀寫程度較低的同學，藍色骰子的任務是：

1. 用圖片或文字描述一個螞蟻族群。

2. 用圖片或文字比較螞蟻族群與你的族群的相異處。

3. 用單字描述你看到螞蟻族群的感受。

4. 用文字、圖片講述一個螞蟻族群的各項分工部分，以及它們發生什麼事。

5. 說說看螞蟻族群以什麼樣的方式，幫助你瞭解到在一個族群一起生活與工作的感覺。

6. 說說看螞蟻族群的好壞面。

拿到綠色骰子的學生則是讀寫程度較高的學生。綠色骰子的任務是：

1. 以至少三個完整句子，每個句子裡至少要有三個形容詞，描述一個螞蟻族群。

2. 用文氏圖（Venn diagram）比較螞蟻族群與你先前所選擇的動物族群之間的相異處。

3. 假裝螞蟻能像人類一樣思考，請用文字或漫畫的方式，描述你覺得一隻螞蟻在它的族群度過了一天的感覺，並且再用另一隻來自不同族群的動物眼光，同樣以文字或漫畫的方式描述它的一天。

4. 用圖表整理出一個動物族群，標示出這個族群各項分工，並說明每個分工的內容為何。

5. 列出在一個族群裡共同生活的準則是哪一個，並說明這個準則為什麼適用於兩個不同的族群。

6.寫一首歌或畫一幅畫，告訴我們你覺得成爲一個族群的一員，最好與最壞的一面是什麼。

拿到同顏色骰子的學生坐同一桌，他們輪流擲骰子。如果第一輪得出的任務是學生不想做的，他們可以再擲一次骰子。當他們開始低頭做自己的功課時，他們被允許相互協助。等到他們完成功課後，傑克森老師重新安排他們的座位，讓擲同顏色骰子、做同一項任務的學生，以四至五人爲一組的方式，彼此分享他們對同一主題的不同想法與研究方法。

藍色骰子指派的任務，幫助學習者以不同方式思考組成螞蟻族群的重要元素，這些元素能如何被運用在某個動物族群裡。綠色骰子指派的任務，它們幫助學習者連結不同動物族群的關係。相較於藍色骰子指派的任務，綠色骰子的任務比較具有變化性、較複雜、也較多面向，需要想法上的躍進與轉變。這個單元上到最後，做完藍色骰子任務的學生也得做一部分綠色骰子的任務，分組進行或直接跟傑克森老師一起合作完成。如此一來，所有的學生都參與了知

識與資訊的活動，這些活動不但符合他們的學習偏好和當下的學習需求，這些活動也促使他們繼續學習下去。

米勒老師與互動式週記

米勒老師六年級的班級正在讀《永遠的狄家》（*Tuck Everlasting*）這部小說，米勒老師她知道這部小說對她班上一部分的學生而言太難，而對有些學生還算簡單，由於她曾發現讓學生同時閱讀不同的小說，閱讀的效果還不錯，因此她還是打算讓全班一起閱讀一些書。因爲《永遠的狄家》這部小說並不是「最適合」班上所有的人，於是米勒老師得用點心思，根據學生的學習準備度與興趣，變化出一項能將教學過程差異化的策略。

透過閱讀《永遠的狄家》，米勒老師使用差異化的互動式週記，她給學生不同的寫作提示，鼓勵他們在預測小說後續劇情的同時，他們能夠跟小說產生互動、能思考已經發生的劇情、運用他們對衝突或比喻式語言這類文學要素的理解去閱讀小說、連結小說某一角色或場景與自己的生活之間的關係、或能夠

抓住作者寫這部小說的初衷。

　　米勒老師從前習慣給學生相同的週記提示，然而今年她試圖經營一個差異化的課堂，於是某些天，她會依據學生的學習興趣與需求，給予他們不同的週記提示，而其他天則給他們一模一樣的提示，因為某些共通的概念需要每個學生都思考。

　　開始閱讀小說的前一天，米勒老師要求班上學生在紙上簡單寫下他們對「永遠的」一字的看法，她根據學生的內容與她對這些學生們長時間下來的觀察瞭解，在隔天上課一開始，給他們三種不同的週記提示。對於「永遠的」一字感到陌生的學生們，兩人一組，完成以下的單字作業：

　　1.猜測「永遠的」一字的意思，寫下他們想得出「最好的」解釋。

　　2.從兩本不同的字典裡查詢「永遠的」一字的解釋，並將字典給的定義修改成合適他們六年級生能夠表達的最佳詮釋版本。

　　3.將「永遠的」一字的解釋，把它簡單且明白地改寫到連一年級都看得懂。

　　4.舉出至少五項物品在他們看來是永遠的，還要為他們的選擇辯護。

　　5.預想《永遠的狄家》這本書可能在講什麼？

　　在米勒老師簡易的前測活動當中，瞭解「永遠的」一字的意義，但是所運用的詞彙與理解力仍在（介於大部分）六年級生應有的程度，他們不是自己一個人自成一組，就是找一個夥伴跟他（她）一起完成以下的任務：

　　1.預想《永遠的狄家》這本書可能在談什麼，並且說明解釋為什麼他們會得出這個結論。

　　2.在一部談生命中永恆事物的作品裡，它可能會提及哪些永恆的事物，寫出事物名稱並加以辯護解釋。

　　3.在一部談200年前人們生活的作品裡，可能會提及哪些永恆的事物，寫出名稱並解釋。

　　4.在一部談未來200年後人們生活的作品裡，可能會提及哪些永恆的事物，寫出名稱並解釋。

　　最後，有一小群字彙、寫作與抽象

思考力都較為突出的學生們，他們組成一組，共同完成以下的任務：

1. 從黃金、煤礦、愛情、友情、能源、時間、恐懼、快樂、以及其他他們能列舉出的物品當中，把他們從「較不持久」一路排到「較為持久」，列出一張清單。

2. 用一首詩或一個段落說明解釋他們排列順序的理由。

3. 預想《永遠的狄家》這本書可能在談什麼，並且說明解釋為什麼他們會得出這個結論。

班上所有的學生都得寫互動式週記，並且各自都有任務，得進行跳躍式思考，並且跟同伴一起思考他們即將閱讀的這部小說它的主要意旨。而米勒老師她所給的這三份互動式週記的作業本身是漸進式地產生變化、變得抽象、由封閉式的思維轉化為更為開放式的結果、並且要求學生逐漸邁開思考的步伐以成功地完成任務。

當這個班開始閱讀小說的第一天，米勒老師給了學生不同的學習單，指示他們閱讀至少前25頁，然後讓他們自由盡情地在課堂上開始書寫他們的週記，而寫不完的則帶回家晚上做，藉此以調整學生的閱讀速度。米勒老師注意到學生閱讀步伐的問題，這使得每個學生都能以自己最自在的速度閱讀，這確保了所有的學生在課堂上都有充足的、有目的性的作業可做，這並也提供了學生有足夠的時間，在他們進行第二天的小說閱讀之前，能對於屆時的討論時間有所準備。

*　　*　　*

意義化的策略幫助學生以最適合他們的方式處理並「擁有」知識。下一章討論成果差異化，講述有哪些策略可以讓學生展現——再一次，以對他們最好的方式——所有過程的結果。不過「內容」的品質才真正決定影響學生的理解度！

第13章

學習成果差異化

不像意義化活動（sense-making activity），它的活動時間長度既短且它只專注在一到數個關鍵理解力與技巧，學習成果它本身是長時間努力下來的學習結果。學習成果的作業應幫助學生——不論是個人還是團體，學習成果的作業應幫助學生重新思考、運用、與擴展他們長時間累積所習得的成果。這習得的成果也許是一個單元、一個學期，甚至是一年下來的收獲。——學習的成果很重要，不僅是因為它象徵著學生的理解能力與運用能力，也因為它是學生最能直接「擁有」的課程要素。基於此，設計良好的學習成果作業，它具有極高的激發性，因為它是創作者的心血結晶。

高品質的成果作業也是評量學生知識、理解力與技巧的一種極佳方式，許多學生無法藉由考試成果、但卻能透過他們的作品來展現所學。因此在一間差異化教學的教室裡面，教師應該要能夠以豐富的成果作業來取代某些考試，或者是結合考試與作品兩種選項，給學生更大的選擇機會去思考、運用、以及展現他們所學到的知識。

創作出高品質的成果作業

教師得用心且細心地設計出一份高品質的成果作業。一份好的成果作品，它不是學生在上完一個單元之後，出於好玩的心態所完成的東西。一個好的成果作品，它必須能讓學生思考、應用、甚至是擴大使用在學習期間所代表的所有重要的概念與技巧。

一旦教師清楚這份成果作品必須包含哪些知識、理解力、以及技巧，接著教師要決定這份作品該採用哪種格式。有的時候因為課程所需，教師必須指定作業的形式（例如：寫一份摘要、設計一場實驗等等），不過多數的時候，教師不妨將成果作品作為一種引誘學生運用知識和技巧的方式（好比說利用攝影吸引青少年上鉤，讓他們學習跟詩有關的事物），而有些時候，教師也能用成果作業幫助學生探索他們不熟悉的表達方式（例如：學習策展、策畫一場研討會、或者是寫一篇期刊論文，透過這些方式幫助學生瞭解科學家們如何溝通他們已知的事物）。最好的作品格式是能夠讓學生在一定的時間內就愛上的格式（例如：一個具有音樂天分的三年級

生，他可以透過寫一齣音樂劇來表達他對美國先民西進拓荒的瞭解）。

教師要能夠決定他對學生在作品內容上、在完成作品的過程中、以及最終作品本身的本質裡，該追求的作品品質的核心期許有哪些，這很重要。學生可以增加條件，幫助老師修正作品的核心要求，好能夠展現出每個人的準備度、興趣、與學習需求，但是瞭解與溝通品質的指標仍是教師的工作。沒有來自長輩或專家級的同儕協助，學生很少能夠知道要如何擴展他們的視野，以追求作品的品質。

由於一份成果作業它應能讓學生進而運用他們的知識與技能且追求品質，教師需要決定的是：學生到底能夠使用哪些方式幫助自己在進行成果作業的時候，能夠爬升到一個新的可能性。這樣的鷹架概念要能夠讓學生在辛苦付出之後，最終能獲得成功，而不會只是增加更多的困惑與矛盾感。教師或許可以安排某些時段，讓學生藉由腦力激盪，找出能開啟成果作業的想法；或者安排一些工作坊，讓學生能夠進行研究或統整他們蒐集的資料；或是設定與評量每個人的成果作品的目標；或是安排同儕諮

詢與編輯、安排實際的成果作品設計等等。教師的目的是要能夠預測有哪些事物能夠提升學生的視野，並且能夠為他們通往崇高的目標搭建橋梁。

最後，教師要告知學生成果作業（不論是透過文字、口頭告知、透過錄音帶、用標誌、透過示例、或上述某些方式的結合），要能夠清楚告知學生有哪些知識、理解與技巧得在他們的作品裡呈現；告知學生他們在做作業的時候，要能夠展現出哪些階段、哪些過程與具有哪些工作習慣；告訴他們有哪些選擇可以讓他們展現所學；告訴他們作業的品質看起來會是什麼樣子的。在這個架構裡面應仍有很大的空間讓每個人的興趣、工作模式、個人品質的目標諸如等等有所發揮。訣竅是要能夠在可以讓學生專注做作業且引領他們學習作業的結構，以及支持學生創新思考的自由，取得結構與自由兩者之間的平衡。

只有在來到最後這個階段，才是開始進行學習成果作業差異化的時候。教師和學生依據學生的學習準備度、興趣與學習偏好，調整出核心作品。有些老師喜歡走「我們來做個交易吧」的作業風格，學生可以針對老師的設計提出替代方案，只要學生的替代方案可以讓他們自己抓住關鍵的資訊、知識與技能，而這些正是這份作業的目的。

在作品誕生的整個過程裡，教師若能從旁指點作品的品質，這將對學生幫助極大。教師不妨邀請學生談論他們的想法、過程、當中發生的小差錯、解決問題的方法等等，對於他們的點子不要吝惜分享你的興奮，澄清什麼是作品品質，談論成功人士都怎麼完成作品，建立學生對於自己作品的個人專屬感，以及能夠欣賞組員們不同的研究方法與想法。

圖13.1簡述了一個有效作品設計的組成要件，其中也包括了差異化。記住，進行好的差異化課程與教學之前——不論是在內容、過程、還是成果——首先得先有好的課程與教學。

以下幾個成功的方法，它們可以放大成果作業的效果且達到學生的學習成就：

1. 把成果作品當成一種方式，利用它去幫助你的學生瞭解，他們在校內所學的知識與技能是如何在現實世界裡被人們拿來陳述真實的議題或問題。

2. 多跟你的學生談論批判性思考

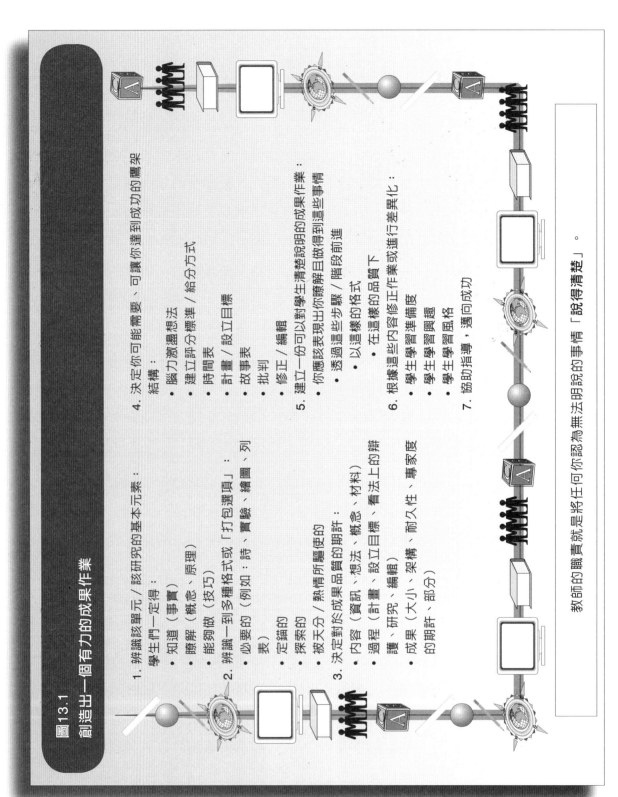

圖13.1
創造出一個有力的成果作業

1. 辨識該單元／該研究的基本元素：
   學生們一定得：
   - 知道（事實）
   - 瞭解（概念、原理）
   - 能夠做（技巧）

2. 辨識一到多種格式或「打包選項」：
   - 必要的（例如：詩、實驗、繪圖、列表）
   - 定錨的
   - 探索的
   - 被天分／熱情所驅使的

3. 決定對於成果品質的期許：
   - 內容（資訊、想法、概念、材料）
   - 過程（計畫、設立目標、看法上的辯護、研究、編輯）
   - 成果（大小、架構、耐久性、專家度的期許、部分）

4. 決定你可能需要，可讓你達到成功的鷹架
   結構：
   - 腦力激盪想法
   - 建立評分標準／給分方式
   - 時間表
   - 計畫／設立目標
   - 故事表
   - 批判
   - 修正／編輯

5. 建立一份可以對學生清楚說明的成果作業
   你應該表現出你瞭解到這些事情
   - 透過這些步驟／階段做得到這樣的成果作業
   - 以這樣的格式
   - 在這些品質的品質下

6. 根據這些內容修正作業或進行差異化：
   - 學生學習準備度
   - 學生學習興趣
   - 學生學習風格

7. 協助指導、邁向成功

教師的職責就是將任何你認為無法明說的事情「說得清楚」。

與創意思考的必要性，幫助他們在全力追求的知識上面，能夠產生熱情。

3.要求你的學生在創作他們的成果作品時，能夠使用且統合、或融合多元的資訊來源。

4.配合學生獨立的程度，強調運用計畫表與進度表的重要性。要戒除習慣性拖延的惡習。

5.確保學生真的把所有的完整時間妥善分配、使用在執行計畫上面（而不是在他開始著手成果作品之前，已經白白等了三個星期又五天）。

6.對於學生使用多樣的表達模式、材料與科技，持正面肯定態度。

7.務必幫助學生習得應學到的成果技能，而不是只學了必要的內容。好比說，不要沒給學生清楚的指示與講解格式，就馬上要求學生辯論或開始上課。

8.跟學生家長溝通，讓他們知道在子女作成果作品的時候，作品的時間表、作品的相關要求、作品的標準、父母能怎麼幫助子女、以及有哪些事情他們應該要避免。

9.切記人們都有好幾種方式表達自我。幫助學生脫離依樣畫葫蘆

（poster- report-mobile）的心態。圖13.2提供了其他的做法。

10.依據師生雙方在作品內容與成果上達成協議的給分標準，而（在計畫執行期間）運用形成性夥伴和自我評量且（在計畫執行之後）運用總結性夥伴與自我評量。

11.除了教師本身之外，儘量安排其他人看過學生的作品。

12.到了分享作品的時候，除非你已經先教過學生怎麼有效地報告成果作品，要不然讓每個學生都上臺跟學生分享實在太浪費時間，也完全無法振奮人心。比較好的替代方案是採用展覽、四人一組相互分享、或者跟重要的長輩分享。

經過差異化處理的幼稚園成果作品

愛波頓老師班上的幼稚園學生最近在學習鄰近社區與社群的概念，他們的期末作品是去調查、設計、以及建造他們所處的一部分市鎮，並展現出這個市鎮的社區與社群。以班為單位，大家一起創造與分享這個期末模型，這可是件

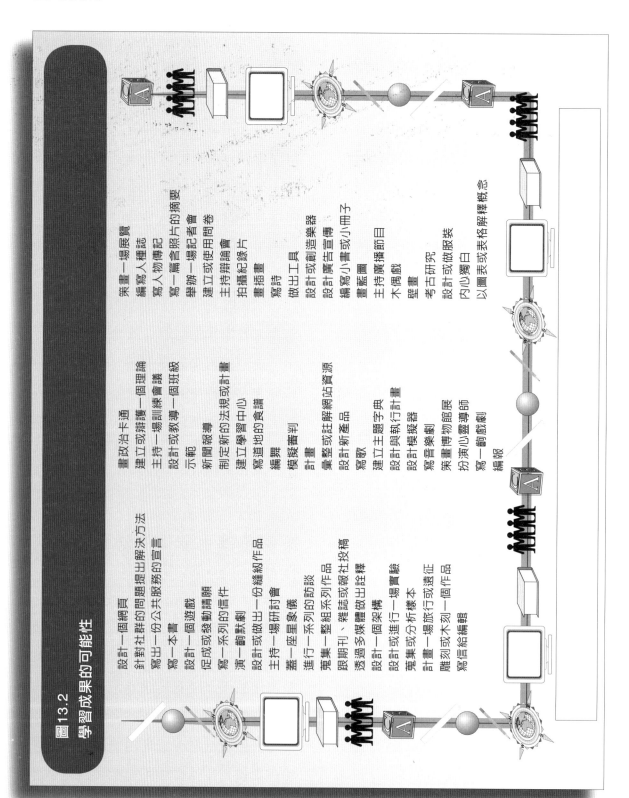

大工程。全班得一起做決定、一起作功課，好比說他們得一起決定這個模型的內容，以及一起作出一個「空白的建築群」，將它做為接下來實際的市鎮模型的前身。

學生們根據自己的興趣，選擇他們想做哪方面的工作。每個學生都要找出一位鎮上居民並且採訪他（她），以蒐集資料，而其中有些同學幫忙做建築的標誌，並且每一個人都要認領模型裡的一個社區，負責完成它。

而愛波頓老師又另外指派了一些工作，利用與擴展每個學生的能力。擅於測量的學生負責測量與繪製建築的尺寸，擅於手工的學生負責切割模型中較精細的部分，而其他人幫忙黏貼大尺寸的部分。愛波頓老師也要求有在閱讀市鎮資料的學生，幫忙查詢資訊與製作標誌。

愛波頓老師她很仔細地設計這個活動，確保所有學生都做到了自己選的任務以及老師派遣的任務（根據學生的學習興趣分配），愛波頓老師她也確保有些任務是全班一起完成，而有些任務是靠學生獨力完成。

經過差異化處理的第二外語成果作品

嘉西亞老師西班牙語二級班上的學生們，他們正在做語言與文化專題。學生的研究目標是去更完整地瞭解，一個文化的獨特元素是如何牽連與型塑出一個民族獨特的性格。許多學生透過寫旅遊書、拍錄影帶、拍紀錄片、或者戲劇演出的方式，探究西班牙的文化。他們進而研究西班牙的歷史、宗教、經濟、慶典、地理、教育、氣候、文學、藝術、語言結構、以及這些要素如何相互影響。

雖然學生的眼前已經列出一些成果作品的相關要求，但他們還是可以自行增加一些條件。他們也可以選擇要自己獨自完成作業，還是要小組進行，他們可選擇自己要用什麼方式表現作品，也可以選擇他們想專注在哪些文化因素或使用哪些研究資源。

班上有三個學生的西語能力甚為突出，除了因為他們本身擁有語言天分，其中兩人的母語還是西班牙語。嘉西亞老師他希望這三個學生能跟班上其他人一樣，都作專題報告，可是為了讓

他們的想法更不同，他改變了他們的作業形式，要求他們作跨文化的比較。這三個學生得在西班牙語以外，要再找出三個非拉丁語系的語言，並審視這三個語言和它們的文化要素。於是這幾個學生找了史瓦希利語（Swahili）、波斯語（Farsi）、中文（Chinese）、日語（Japanese）、希伯來語（Hebrew）與俄語（Russian），並且研究這些語言誕生背後的文化背景。這些進階級的學生享有比其他同學更多的自由，可以自由設計他們的期末作業與作業完成的過程。跟班上其他同學一樣，他們也可以自由選擇要自己一人還是小組合力完成作品，以及決定要用什麼方式表現成果作品。

經過差異化處理的學習困難者作品

我們常常太小覷了學習困難者，而成果作業本身是個很適合的空間，可以讓我們看到學生更多的面向，並且幫助他們建立起學習者與生產者的自信心。以下有一些建議，提供教師協助那些學校課業學習有困難的學生身上，既給予

他們頗具挑戰性的成果作品可做，也給予他們支援系統，讓他們得以邁向成功之路。

1. 務必讓所有學習者的作業都能使學習者得以運用與延伸他們某一單元的基礎概念與技巧（融合個人教育計畫〔IEPs〕的技能與其他目標，形成豐富的成果作品格式）。

2. 不光只是書寫，成果作品的格式應允許學生以其他方式表現自我。

3. 將成果作業切割成數小塊，讓學生完成一部分後，再做下一個。

4. 不妨將作業指令錄成錄音檔或錄影檔，學生需要時可以重聽一次。

5. 幫學生準備或帶領他們準備好作品的時間表，讓他們的工作看起來比較容易上手且一目了然。

6. 利用迷你工作坊的方式，讓學生學習特定的作品技巧，像是做研究筆記、進行訪談、得出結論、編輯等等。會有很多學生因為能自由選擇參加哪些工作坊，因而獲益匪淺，包括在學術表現上有困難的學生。

7. 幫助學生找到適合的研究資源，好比說安排時間跟他們對談、標

誌出重要的參考網站、設立特別的圖書箱或相關主題的可讀資源櫃、錄下重要概念與資訊的簡述、或者徵募多媒體專家，請他們在特定時間提供同學諮詢與協助等等。

8. 提供表格或架構圖，指引學生如何逐步地完成研究。

9. 三不五時記得跟學生回顧這份成果作品的藍圖——要他們想想為什麼這份作業很重要、想想他們學到了什麼、想想這份作品可以產生什麼意義、以及這份作業跟班上正在做的事情有什麼關聯，諸如此類的事情。

10. 對於那些學生在作業上感到挫敗的地方，不妨安插有諮詢能力的個人或團體（或是安插專家進來），在事先安排好的時間裡提供諮詢、建議、以及指引。

11. 跟學生一起針對評分表討論，評分表可反映出他們個人的需求，你跟你的學生應專注在那些似乎很具挑戰難度與有特別重要價值的目標。

12. 幫助學生分析他們曾完成過的有效的作品，建立起他們對這份作品當中的重要元素的瞭解，建立起他們能思考這些元素的言語技能，建立起具體的

描述，能夠描述好的作品該是什麼樣子的。

13. 當學生在校外無法得到資源與支持幫他們完成作品，教師就要在校內提供他們時間、材料與夥伴支援，教師可以選擇上學前或放學後的時間、課堂當中的時間、下課休息時間、午餐時間、或甚至是在週末的時候。讓每個學生都獲得長輩的支援，告訴他對自己要有信念、要付出，讓他對自己的信念能化為現實，這是很重要的一件事情。

14. 當學生的第一語言不是英語的時候，要確定學生有辦法以他的母語找到資料，或是確定他有辦法獲得翻譯的支援。此外，可以考慮在他的時間表上安排一個時間點，讓他可以初步地以他的母語表述他的想法，然後再把他說的內容（提供他適當的協助）翻譯成為英文。

經過差異化處理的學習進階者作品

如同學習內容與學習過程，設計給學習進階者的學習成果，其目的是確保學習者能夠確實延伸他們的資料庫、延

125

伸他們的理解力、他們的思考過程、他們的計畫與生產技巧、以及他們的自我意識。對於一般學生來說頗具挑戰性的成果作業，對於進階學習者而言往往欠缺難度，因此你的目標就是在修改成果作業的時候，稍微把你的「等化器按鈕（equalizer button）」（請見圖8.1）往右調一些。以下有一些原則，可以幫助你調整給學習進階者的成果作業。

1. 務必要架構出給學習進階者的成果作業，讓他們能夠在學習的歷程上往前邁進——包括學習內容的複雜度、學習自主性、學習的轉變、抽象性、多面向的解決方案、與思想上的大躍進。

2. 考慮讓學習進階者研究不同時代、不同學派、或不同文化之間重要的議題或問題。

3. 盡可能讓他們作高階的研究，像是閱讀進階版的材料、多元的材料、第一手的資料、原始文件、和由學生所作的研究。

4. 考慮安排心靈導師（mentors）引領這些學習進階者的研究，讓這些學生在某個比他更瞭解這個領域的人的幫助下，得以在研究的內容與品質上有所

提升。

5. 如果作業本身頗具難度，不妨讓學習進階者比其他的同學們都更早開始著手進行他們的作業，當他們早已結束了課堂該學習的內容，或當他們已經不需要再學對其他同學來說很重要的課程的時候，讓他們能做自己的作業是最能夠維持他們繼續學習的方式。

6. 不論何時，只要有可能，就讓每個學習進階者可以跟他自己的心靈導師——某一位在特定主題上學有專精的人——一起工作。

7. 讓學習進階者幫助你建立起給專家級的內容與作品的評分規準。雙方一起決議有哪些議題是專家們認為在成果研究上務必得處理的問題，雙方一起討論這些議題該以哪些方式處理，雙方一起認定這份成果該有哪些步驟與標準，才是專家眼中最重要的。最後將討論出的成果作為學生計畫與評量的基準。

8. 如果覺得有用的話，請該領域的專家批評指教學習進階者做出來的成品。有的時候，專家的評量可以在一份成果的形成性或發展中的階段產生助益，讓學生在定稿前還有時間澄清與延

伸他的想法。而在其他的時候，專家的協助也能幫助學生在總結性或收尾的階段以高規格標準檢視他們的成品。這是因為教師在某些領域上，缺乏專家該有的知識與技能，因此幫助學生得到這些技能與知識是很要緊的，要幫助他們擴展他們的實力，而不再只是獎勵他們做到了「他們自然而然就會做的」事情。

對於所有學習者的差異化成果的結語

設計、支持、評估一份有難度的成果作業，這事是永無止盡的。切記，儘管看起來有點累贅，但是一定要給學生文字版的指示，這樣子學生對於他們的學習目的與期待才能有組織、有挑戰、且清楚明白。

在一個學生程度不等的班級裡，將成果作品作業差異化，將能夠為這個班帶來許多益處，原因有許多。倘若所有的成果都跟同一個重要資訊與知識有關，那麼學生們就便於進行個人之間、小組之間、以及全班之間的討論，即使學生是根據他們自己的學習準備度、學習興趣、與學習模式而有不同的工作方式，也並不影響他們之間的交流。藉由提供學生們進行主旨相同但成果不同的學習方式，教師進而能鼓勵所有的學生延續他們個人的學習興趣與能量。如此一來，所有的學生都能從適當的挑戰中成長，而同時間，教師也能專心於他（她）覺得對所有學習者都重要的課程內容裡。

*　　*　　*

下一章將針對學生表現與家長介入，細看評分的方式。

差異化教學的評量 第14章

到此為止，相信你對差異化教學已有了清晰完整的印象。在差異化教學的課堂裡，學生經常按照不同的速度學習，教師對學生的評估也依據不同的學習目標進行。差異化教學具有兩個重要特徵：其一，學生從自己的學習起點出發；其二，教師對學生的學習抱有期望。如果學校仍沿用傳統的成績報告和評量方式，差異化教學的教師可能就會遇到一些兩難問題：究竟應該用何種方式來記錄和展示每個學生的進步呢？

一般而言，社會大眾已普遍接受傳統的成績單這種評量方式，但是許多研究卻證實傳統評量方法並非像人們想像地那樣易於理解和交流訊息（Ornstein, 1994）。以下的幾種策略供你參考。

改變傳統的評分系統

許多教師和學校在實踐中發現取消傳統評量方式之前，應該向學生和家長解釋新評量方式和特點。這樣，學生和家長就瞭解新評量模式是建立在學生個人目標的基礎上，並側重在反映學生實現目標的程度。在新的評量模式中，學生是和自己而非他人做

比較。檔案評估和成績彙報就屬於這種新的評量模式。在傳統的成績單的等級評分裡，我們不妨增添某些附加訊息。

在成績單上，字母A仍代表優秀，B代表良好等。但不同之處在於每個字母還附加數字上標，如1代表超出年級水準，2表示符合年級水準，3表示低於年級水準。這樣獲得A3的學生雖然學習非常努力，而且進步很大，但是其成績還未達到年級水準。運用這種方式自然比傳統的成績單提供更多的訊息。

另一種方式就是給出兩種分數：個人分數和傳統分數。例如：一名學習落後者在個人學習目標上有不少進步，得B，但其成績和全班相比只得D。一個資優生在個人進展上成績平平，得C，但其成績仍優於班上其他同學，得A。如果教師想採用這種兩個分數的評分方式，則必須事先向學生解釋清楚符號的代表意義。

某些教育工作者極力主張教師應經常和家長、學生交換對評量的方式及分數的涵義，讓家長和學生也知道如果參照不同的標準（如班級平均成績、全國常模）會有不同的評量結果（Gilman & McDermott, 1994）。因此，進行家

長培訓和徵得家長的合作，具有重要的作用。

在理想條件下，第一種方式最直得推薦。在實際工作中，任何有助於顯示學生個人成長的評量模式，都可以採用。

消除資優生及其家長的擔心

當改用學生和自己比較的評量系統後，最難以適應的人可能是資優生，因為他們失去了高分垂手可得的優越感了。他們往往需要一段時間來適應新的評量模式、培養自己新的學習習慣及明確自己新的學習目標和衡量標準。在適應階段，他們的成績可能會低於平時的成績，這時教師應幫助學生和家長理解新作法的價值何在，以消除他們的疑慮。

但是，許多資優生在接受高中階段的課程或在邁入大學校門之前，往往沒有遇過真正意義上的學習挑戰。因此當他們第一次遭遇失敗或挫折的時候，可能會缺乏應對策略而陷於驚慌失措之中。因此，也會極大地打擊他們的自信心。為了避免失敗和挫折，這些學生有

可能放棄迎接困難和挑戰，儘管他們有能力克服，而且他們往往發現不瞭解自己的學習方式，也不清楚如何監控學習以及提高自己解決問題的效率。因此，應該從小培養他們勇於面對困難的能力和勇氣，家長和教師都責無旁貸。面對困難的經歷能培養學生良好的計畫能力、自我評估能力以及學習能力，進一步發揮他們最大的學習潛能。

在資優生和家長對新系統表示懷疑擔心的時候，教師應向他們傳達正確的訊息和解釋原因，鼓勵家長和你一起幫助孩子應對挑戰。

保存各種評量紀錄

在差異化教學課堂裡，學生參加不同內容、有意義的學習活動，獲得不同的學習成果，因而需要教師改變以往記錄學生進步的方式。教師在採用各種有效策略記錄學生的進步之前，有必要重新溫習教學評估的真正目的：

(1)記錄學生在核心知識和技能上的學習進步狀況。

(2)所蒐集的訊息是為了向學生提供更適合的教學。

以下指導原則有助於身為教師的你們發展出合宜的記錄方法：

1.**不必拋棄原有的分數記錄本**。你所要做的工作就是把縱向標題改用更具有概括性的詞語。在某堂數學課上，全班同學完成同一個作業後獲得各自的得分。紀錄本的縱行標題一般會寫成「練習第211頁」，表示以下分數是對課本第211頁小數練習的評量結果。在差異化教學中，學生的準備程度高低不一，而且學生有可能參加多個不同內容的教學活動，這時你的標題最好改為小數「/4-9」表示以下分數是學生在4月9日每個學生的作業安排以及完成的情況，或者你也可以把學生當天學習的關鍵知識點標記在縱行位置，這樣就能更便捷地告訴教師某個學生的學習內容。

2.**利用學生學習檔案袋作為記錄工具**。無論學生的年齡大小，他都可以在教師的指導下知道如何保存已完成的工作，如記錄工作的日期、師生的評語和習作本等。

3. **盡可能安排學生幫你做記錄**。年幼的學生也能保存每日或每週活動日程表，保留閱讀筆記，或藉助現成表格記錄在學習中心的學習進展情況。學生選擇最能展示自己能力的活動，學生還可以幫助教師分發和蒐集檔案袋，準備家長會議所需的材料，向家長和教師解釋學習進展方面的彙報並承擔某些記錄和保存工作。這些都可以減輕教師的工作量。擔任值日專家的學生可幫助教師檢查同學的學習，監督學習品質或記錄同學的學習表現，讓學生承擔部分能力所及的記錄工作，有助於他們更加明確學習目標和瞭解自己的進步，以及培養他們的組織能力。

4. **必要時可以採用非正式的評量方法**。運動員正在練習三步上籃。教練對他此項運動技能不做日常評量，而是在幾週後的籃球比賽中。學生在課堂上聽老師講解和示範小提琴的使用技巧，然後自己回家練習，隔週再去尋求老師的指點和建議，再獨自練習，如此循環。對該名學生演奏技巧的評估卻要等到數月後的音樂會上，沒有人認為有必要去評估籃球運動員的每個投籃動作或每半小時評量小提琴手的演奏技巧。

同樣地，學習活動也不需要天天做正式評量。精心設計的成果作業或測試足以反映學生的學習情況。教師還可以利用隨身攜帶的記錄簿，快速記錄學生的平時表現，或在紀錄冊記錄學生的行為表現、學生提出的問題，學生不同的難點和重點，來取代對這些活動的正式評量。這些訊息可以為後續的教學提供依據，使教學更加適合學生的需要以及發揮學生的優勢能力。

教師應鼓勵學生勇於嘗試學習中可能遇到的挑戰，使學生不必過於害怕犯錯，這樣，他們才能領悟到生活的真諦：「在於給我們提供嘗試、成長的機會，而非對個人能力的高低品頭論足。教師和學生關注的焦點不是分數的多少，而是每個人都享有充足的機會來理解和展示自己的知識和能力，所以每個學生可以按照合適的速度完成作業。」

5. **邀請學生主持家長會議**。邀請學生和你一起設定部分學習目標，安排學生記錄自己的工作，最後還請學生將自己的進步直接告訴家長，這種做法最具有說服力，不僅能增強學生的責任感，

而且提供平臺讓教師和家長傾聽對差異化教學的看法。與其和教師單方面的解說相較，這種說法不僅能清楚的說明差異教學的意義所在，而且還可以促進教師和家長間的合作，進而達到差異化教學的最佳效果。

後 記

幾年前，14歲的凱瑟琳寫了一首詩。她在學習上的表現為高階組，以致在學校鮮少得到延伸學習的機會。之後，她遇到一個老師，引導她自己向內心尋找學習新動力。在學年將了之際，凱瑟琳寫了一首詩獻給她的老師。在某種程度上，這首詩所要表達的是所有學生，也是所有人，都需要推手，幫助自己趨近極限；也貼切形容了凱瑟琳的需求達成時的滿足愉悅。她的文字中似乎也傳達了在那奇蹟似的一年，她的老師所扮演的角色，她的老師將凱瑟琳視為獨一無二。

推我一把！看我能走多遠！
與我同行，即使我墜落。然後，
再將我拉回。
打開一扇門，在它關閉前
領我進入。

教我，我才能學，
讓我體驗獨自進入學習隧道
的感覺。
接近出口時，我看著你引領另一個人
進入，開啓他／她自己的學習之旅，

我會怡然而笑。

附錄　多元能力課堂中的差異化教學和管理策略

多元能力課堂中的差異化教學和管理策略			
策略	**定義**	**理論依據**	**指導原則**
課程濃縮	分為三步驟： (1) 評量學生已掌握的學習內容和未掌握的學習目標 (2) 設計未掌握學習目標的教學，跳過已掌握的內容學習 (3) 提供加速或豐富學習活動	(1) 學生在某些領域擁有較高的學習能力 (2) 提供一般教學以外的內容以滿足學生對知識和學習的熱情 (3) 培養獨立性 (4) 避免學生因重複學習而產生厭惡情緒	(1) 向家長和學生解釋濃縮課程的做法和優點 (2) 預先評估學生的知識水準和瞭解學生的背景資料 (3) 允許學生用多種方式利用從已掌握內容「節省」出來的時間 (4) 制定加速或學習內容豐富的書面計劃和時間期限 (5) 為擁有相似能力的某些學生制訂小組濃縮課程
學習方案	指導教師和學生一起確定學生感興趣的問題或主題，然後共同設計研究問題或主題的方法和成果型式。該成果反應問題或主題的主旨以及體現學生運用相關知識、技能解決問題的能力	(1) 基於學生的興趣 (2) 滿足好奇心 (3) 培養學生的計畫、研究的高層次能力 (4) 培養獨立性 (5) 探討抽象和複雜知識的能力 (6) 深入和持續研究的能力 (7) 引發強烈學習動機	(1) 基於學生的學習興趣 (2) 安排符合學生自主能力的學習方案 (3) 教師學生的計畫制定和成果製作提供指導和建議 (4) 設定時間期限，避免工作拖延 (5) 用工作日誌記錄學習過程 (6) 確定工作的標準

多元能力課堂中的差異化教學和管理策略（續）			
策略	**定義**	**理論依據**	**指導原則**
興趣中心／興趣小組	安排已掌握單元內容的學生參加興趣中心（常適用於低年級學生）或興趣小組（常適用於高年級學生）的活動。所有學生都應有機會參加這種活動已發現和培養自己的特殊興趣。興趣中心／小組可以根據活動的要求高低（如難度、獨立性）以及學生的興趣進行差異化設置，使活動適應所有學生的需求	(1) 學生自主選擇 (2) 激發學生學習興趣，及學習動機 (3) 滿足好奇心，及滿足學生探索世界神奇和奧秘的慾望 (4) 學習常規課程以外的內容和主題 (5) 拓展學習的深度和廣度 (6) 適合學生的準備水準 (7) 鼓勵學習多領域的綜合學習以及研究生活與學習的連結	(1) 以興趣維基礎 (2) 鼓勵學生幫助教師設計學習任務 (3) 符合學生的準備水準 (4) 安排相同興趣的學生合作 (5) 確定成功的標準 (6) 給資優生安排充足的學習時間，避免頻繁更換主題，以保證學生能深入學習
分級教學	在學生個別差異較大的班級裡，教師按照學生已有知識基礎分級，使教學適應所有學生的需要，學生透過不同的方式來學習相同的核心內容	(1) 教學和評量相結合 (2) 學習建立在學生已有知識的基礎上 (3) 學習要求處於學生最近的發展區內 (4) 根據學生的準備度來教學 (5) 根據學生學習偏好來調整教學 (6) 避免學生因不適合的學習任務而產生焦慮和厭煩的情緒 (7) 提供成功經驗，增強學習動機	(1) 以核心概念或原則為重點 (2) 學習教材具有多種層次和適應多種學習偏好的特點 (3) 調整學習任務的複雜程度、抽象程度、步驟的數量、獨立水準等以保證學習適合學生的需要 (4) 制定明確的品質和成功標準

多元能力課堂中的差異化教學和管理策略（續）			
策略	定義	理論依據	指導原則
學習中心	學習中心蒐集多種學習教材，以供學生在此展開主題研究或練習技能，而教師根據學生的準備水準和學習偏好來調整學習中心的活動內容	(1) 使學習任務符合學生的準備水準 (2) 促進學生能力的持續進步 (3) 使學習任務適合學生的學習偏好 (4) 學生以合適的速度學習 (5) 教師可進行分組教學 (6) 有助於培養學生的學習獨立性	(1) 使學習任務符合學生的準備水準、興趣和偏好 (2) 避免所有學生完成同樣的學習中心活動 (3) 教會學生記錄自己的學習進展狀況 (4) 監督學生的學習表現和學習品質 (5) 確定學習中心的品質和成功標準
分級提問	在課堂討論和測試中，教師根據學生的準備水準、興趣和學習偏好來改變題問的方式和內容	(1) 學生能獲取訊息和進行更高層次的思維活動 (2) 基礎性的問題適合某些學生 (3) 要求反應速度思維的廣度和深度的問題適合某些學生 (4) 教師運用各種問題類型來評估學生的準備水準和進步 (5) 適當的改變題問的方式和內容可增加學生學習的成就感和學習動機 (6) 在口頭討論中，學生能聽到各種不同的回答並學習正確回應各種不同觀點	(1) 可指定某些必答問題給學生，也可允許學生自由選答 (2) 必要時多運用開放式問題 (3) 在讓學生回答問題之前，留出足夠的思考時間 (4) 安排學生在回答問題之前和同伴交談 (5) 鼓勵學生互相討論 (6) 要求學生能解釋及辯護自己的答案 (7) 根據學生的學習能力調整問題的難度、抽象程度和思維層次等

多元能力課堂中的差異化教學和管理策略（續）			
策略	**定義**	**理論依據**	**指導原則**
師徒制	資源教師、資訊專家、家長志願者、社區學員等都可以擔任學生的輔導教師，指導學生在某領域的學習和研究。師徒制中，有的強調高階研究方案，有的關注工作環境的議題，有的關注情感發展，有的則為上述幾種研究方案的綜合版	(1) 拓展課堂學習 (2) 創設合作學習的機會 (3) 幫助學生學會選擇和實現目標 (4) 幫助教師激發學生的興趣 (5) 創設更低的師生比（常為1：1）	(1) 安排符合學生需要（興趣、優勢能力、文化背景、性別）的輔導教師 (2) 詳細說明輔導教師和學生合作的目標 (3) 徵得各方的同意後，書面規定輔導教師、學生、課堂教師和家長的職責 (4) 幫助輔導教師做好教學的準備工作，如提供有關學生的工作情況 (5) 定期檢查學習的進展狀情況和解決突發事件 (6) 必要時，將輔導教師的學習內容和課堂教學內容保持一定的連結性

多元能力課堂中的差異化教學和管理策略（續）			
策略	**定義**	**理論依據**	**指導原則**
學習契約	指師生間的學習契約可採多種型式。在學習契約中，教師允許學生自由選擇完成任務的方式，而學生則根據學習契約要求來設計和完成工作	(1) 基於技能和基於內容的兩種學習類型，能適合學生的學習需要 (2) 免除不必要的技能練習 (3) 學生按照合適的學習速度學習 (4) 培養學生的獨立學習能力，尤其是學生的計畫能力和決策能力 (5) 教師能有時間指導學生的個別學習和小組學習 (6) 鼓勵學生開展各自感興趣的研究或學習主題 (7) 培養學生的研究能力、集中思維和發散性思維、遷移能力和綜合運用能力	(1) 學習契約能同時提高學習技能和增長知識 (2) 使所學技能符合學生的準備水準 (3) 使所學技能符合學生的準備水準、興趣和學習風格 (4) 讓學生有選擇的權利，尤其在學習內容抉擇方面 (5) 預先確定成功的標準 (6) 提供書面的契約規則 (7) 學習契約盡可能強調核心概念、主題和問題的學習，強調所學知識技能的運用 (8) 根據學生的準備水準來確定學習契約的所需的獨立學習水準和時間期限

141

參考文獻

American Association of School Administrators. (1991). *Learning styles: Putting research and common sense into practice*. Arlington, VA: Author.

Bess, J. (1997). Teaching well and liking it: *Motivating faculty to teach effectively*. Baltimore, MD: The Johns Hopkins University Press.

Brandt, R. (1998). *Powerful learning*. Alexandria, VA: Association for Supervision and Curriculum Development.

Clark, B. (1992). *Growing up gifted*. New York: Macmillan.

Clarke, J. (1994). Pieces of the puzzle: The Jigsaw method. In S. Sharan (Ed.), *Handbook of cooperative learning methods* (pp. 34–50). Westport, CT: The Greenwood Press.

Cohen, E. (1994). Designing groupwork: *Strategies for the heterogeneous classroom* (2nd ed.). New York: Teachers College Press.

Daniels, H. (1994). *Literature circles: Voice and choice in the student-centered classroom*. York, ME: Stenhouse Publishers.

Delpit, L. (1995). *Other people's children: Cultural conflict in the classroom*. New York: The New Press.

Dewey, J. (1938). *Experience and education*. New York: Macmillan.

Dunn, R., Beaudry, J., & Klavas, A. (1989). *Survey of research on learning styles*. Educational Leadership, 46(6), 50–58.

Fountas, I., & Pinnell, G. (1996). *Guided reading: Good first teaching for all*. Portsmouth, NH: Heinemann.

Gardner, H. (1983). *Frames of mind: The theory of multiple intelligences*. New York: Basic Books.

Gardner, H. (1991). *The unschooled mind: How children think and how schools should teach*. New York: Basic Books.

Gardner, H. (1993). *Multiple intelligences: The theory in practice*. New York: Basic Books.

Gilman, D., & McDermott, M. (1994). Portfolio collections: An alternative to testing. *Contemporary Education*, 65(2), 73–76.

Haggerty, P. (1992). *Readers' workshop: Real reading*. Richmond Hill, Ontario, Canada: Scholastic Canada.

Heath, S. (1983). *Ways with words: Language, life and work in communities and classrooms*. Cambridge, UK: Cambridge University Press.

Howard, P. (1994). *An owner's manual for the brain*. Austin, TX: Leornian Press.

Joyce, M., & Tallman, J. (1997). *Making the writing and research connection with the I-Search process*. New York: Neal-Schuman Publishers.

Kelly, R. (2000). Working with WebQuests: Making the web accessible to students with disabilities. *Teaching Exceptional Children*, 32(6), 4–13.

Macrorie, K. (1988). *The I-Search paper*. Portsmouth, NH: Boynton/Cook Publishers.

McCarthy, B. (1996). *About learning*. Barrington, IL: Excel.

Means, B., Chelemer, C., & Knapp, M., (Eds.). (1991). *Teaching advanced skills to at-risk learners: Views from research and practice*. San Francisco: Jossey-Bass.

National Research Council. (1990). *How people learn: Brain, mind, experience, and school.* Washington, DC: National Academy Press.

Ornstein, A. (1994, April). Grading practices and policies: An overview and some suggestions. *NASSP Bulletin,* 55–64.

Ornstein, R., & Thompson, R. (1984). *The amazing brain.* Boston: Houghton Mifflin.

Paterson, K. (1981). *The gates of excellence: On reading and writing books for children.* New York: Elsevier/Nelson Books.

Piaget, J. (1969). *The mechanisms of perception.* London: Routledge & Kegan Paul.

Piaget, J. (1978). *Success and understanding.* Cambridge, MA: Harvard University Press.

Reis, S., & Renzulli, J. (1992). Using curriculum compacting to challenge the above average. *Educational Leadership* 50(2), 51–57.

Ross, P. (Ed.). (1993). *National excellence: A case for developing America's talent.* Washington, DC: U.S. Department of Education.

Saracho, O., & Gerstl, C. (1992). Learning differences among at-risk minority students. In B. J. Shade (Ed.), *Culture, style and the educative process* (pp. 105–135). Springfield, IL: Charles C Thomas.

Shade, B. (1989). Creating a culturally compatible classroom. In B. J. Shade (Ed.), *Culture, style and the educative process* (pp. 189–196). Springfield, IL: Charles C Thomas.

Sharan, Y., & Sharan, S. (1992). *Expanding cooperative learning through group investigation.* New York: Teachers College Press.

Sternberg, R. (1985). *Beyond IQ: A triarchic theory of human intelligence.* Cambridge, MA: Cambridge University Press.

Stevenson, C. (1992). *Teaching ten to fourteen year olds.* New York: Longman.

Sullivan, M. (1993). *A meta-analysis of experimental research studies based on the Dunn and Dunn learning styles model and its relationship to academic achievement and performance.* Doctoral dissertation. St. John's University.

Tomlinson, C. (1993). Independent study: A flexible tool for encouraging personal and academic growth in middle school learners. *Middle School Journal,* 25(1), 55–59.

Vygotsky, L. (1962). *Thought and language.* Cambridge, MA: MIT Press.

Wiggins, G., & McTighe, J. (1998). *Understanding by design.* Alexandria, VA: Association for Supervision and Curriculum Development.

Wittrock, M. (Ed.). (1977). *The human brain.* Englewood Cliffs, NJ: Prentice Hall.

延伸閱讀

Creating a Community of Learners

Strachota, B. (1996). *On their side: Helping children take charge of their learning.* Greenfield, MA: Northeast Foundation for Children.

A Differentiated Primary Classroom

Maeda, B. (1994). *The multi-age classroom: An inside look at one community of learners.* Cypress, CA: Creating Teaching Press.

Alternative Approaches to Assessment

Herman, J., P. Aschbacher, & Winters, L. (1992). *A practical guide to alternative assessment.* Alexandria, VA: Association for Supervision and Curriculum Development.

Weber, E. (1999). *Student assessments that work: A practical approach.* Boston: Allyn & Bacon.

Graphic Organizers to Meet Needs of Varied Learners

Black, H., & Black, S. (1990). *Organizing thinking: Book one.* Pacific Grove, CA: Critical Thinking Press & Software.

Parks, S., & Black, H. (1992). *Organizing Thinking: Book Two.* Pacific Grove, CA: Critical Thinking Press & Software.

Swartz, R., & Parks, S. (1994). *Infusing the teaching of critical and creative thinking into elementary instruction.* Pacific Grove, CA: Critical Thinking Press & Software.

Reading Support and Development Strategies Across Grades & Content

Billmeyer, R., & Barton, M. (1998). *Teaching reading in the content areas: If not me, then who?* Aurora, CO: Mid-continent Regional Educational Laboratory.

Adapting Instruction to Varied Intelligence Strengths

Armstrong, T. (1994). *Multiple intelligences in the classroom.* Alexandria, VA.: Association for Supervision and Curriculum Development.

Campbell, L., Campbell, C., & Dickinson, D. (1992). *Teaching and learning through multiple intelligences.* Stanwood, WA: New Horizons for Learning.

Curriculum Compacting

Reis, S., & Renzulli, J. (1992). Using curriculum compacting to challenge the above average. *Educational Leadership* 50(2), 51–57.

Starko, A. (1986). *It's about time: Inservice strategies for curriculum compacting.* Mansfield Center, CT: Creative Learning Press.

Adapting Instruction to Varied Learning Styles

American Association of School Administrators. (1991). *Learning styles: Putting research and common sense into practice.* Arlington, VA: Author.

Shade, B. (1989). Creating a culturally compatible classroom. In B. J. Shade, (Ed.), *Culture, style, and the educative process.* Springfield, IL: Charles C Thomas.

Setting Criteria for Tasks and Products

Andrade, H. (2000). Using rubrics to promote thinking and learning. *Educational Leadership,* 57(5),13–18.

Designing and Facilitating Independent Study

Nottage, C., & Morse, V. (2000). *Independent investigation method: A 7-step method for student success in the research process.* Kingston, NH: Active Learning Systems.

Tomlinson, C. (1993). Independent study: A tool for encouraging academic and personal growth. *Middle School Journal* 25(1), 55–59.

Teaching Culturally Diverse Learners

Delpit, L. (1995). *Other people's children: Cultural conflict in the classroom*. New York: The New Press.

Michie, G. (1999). *Holler if you hear me: The education of a teacher and his students*. New York: Teachers College Press.

Rose, M. (1989). *Lives on the boundary*. New York: Penguin.

Suskind, R. (1998). *A hope in the unseen*. New York: Broadway Books.

Differentiating Instruction for Gifted Students

Winebrenner, S. (1992). *Teaching gifted kids in the regular classroom: Strategies every teacher can use to meet the needs of the gifted and talented*. Minneapolis: Free Spirit Publishing.

Differentiating Instruction for Struggling Learners

Winebrenner, S. (1996). *Teaching kids with learning difficulties in the regular classroom*. Minneapolis: Free Spirit Publishing.

Alternatives to Traditional Report Cards

Azwell, T., & Schmar, E. (1995). *Report card on report cards: Alternatives to consider*. Portsmouth, NH: Heinemann.

Wiggins, G. (1996). Honesty and fairness: Toward better grading and reporting. In T. R. Guskey (Ed.), *Communicating student learning* (1996 ASCD Yearbook). Alexandria, VA: Association for Supervision and Curriculum Development.

五南文化廣場 橫跨各領域的專業性、學術性書籍
在這裡必能滿足您的絕佳選擇!

五南全國展售門市

【逢甲店】
【台大店】
【海洋書坊】
【嶺東書坊】
【環球書坊】
【台中總店】
【高雄店】
【屏東店】

海洋書坊:202 基 隆 市 北 寧 路 2號 TEL:02-24636590　FAX:02-24636591
台 大 店:100 台北市羅斯福路四段160號 TEL:02-23683380　FAX:02-23683381
逢 甲 店:407 台中市河南路二段240號 TEL:04-27055800　FAX:04-27055801
台中總店:400 台 中 市 中 山 路 6號 TEL:04-22260330　FAX:04-22258234
嶺東書坊:408 台中市南屯區嶺東路1號 TEL:04-23853672　FAX:04-23853719
環球書坊:640 雲林縣斗六市嘉東里鎮南路1221號 TEL:05-5348939　FAX:05-5348940
高 雄 店:800 高 雄 市 中 山 一 路 290號 TEL:07-2351960　FAX:07-2351963
屏 東 店:900 屏 東 市 中 山 路 46-2號 TEL:08-7324020　FAX:08-7327357
中信圖書團購部:400 台 中 市 中 山 路 6號 TEL:04-22260339　FAX:04-22258234
政府出版品總經銷:400 台 中 市 軍 福 七 路 600號 TEL:04-24378010　FAX:04-24377010
網 路 書 店　http://www.wunanbooks.com.tw

專業法商理工圖書‧各類圖書‧考試用書‧雜誌‧文具‧禮品‧大陸簡體書
政府出版品總經銷‧中信圖書館採購編目‧教科書代辦業務

國家圖書館出版品預行編目資料

能力混合班級的差異化教學／Carol Ann
Tomlinson著；張碧珠等譯. ——初版.——臺
北市：五南圖書出版股份有限公司, 2014.01
　　面；　公分
譯自：How to differentiate instruction
in mixed-abillity classrooms
ISBN 978-957-11-7447-1(平裝)
1.教學法　2.個別差異
521.4　　　　　　　　　　102024313

1IXW

能力混合班級的差異化教學

作　　者 — Carol Ann Tomlinson

譯　　者 — 張碧珠等(223.6)

發 行 人 — 楊榮川

總 經 理 — 楊士清

總 編 輯 — 楊秀麗

副總編輯 — 黃文瓊

責任編輯 — 李敏華

封面設計 — 童安安

出 版 者 — 五南圖書出版股份有限公司

地　　址：106台北市大安區和平東路二段339號4樓

電　　話：(02)2705-5066　　傳　　真：(02)2706-6100

網　　址：https://www.wunan.com.tw

電子郵件：wunan@wunan.com.tw

劃撥帳號：01068953

戶　　名：五南圖書出版股份有限公司

法律顧問　林勝安律師事務所　林勝安律師

出版日期　2014 年 1 月初版一刷
　　　　　2022 年 12 月初版七刷

定　　價　新臺幣380元

經典永恆・名著常在

五十週年的獻禮 —— 經典名著文庫

五南，五十年了，半個世紀，人生旅程的一大半，走過來了。

思索著，邁向百年的未來歷程，能為知識界、文化學術界作些什麼？

在速食文化的生態下，有什麼值得讓人雋永品味的？

歷代經典・當今名著，經過時間的洗禮，千錘百鍊，流傳至今，光芒耀人；

不僅使我們能領悟前人的智慧，同時也增深加廣我們思考的深度與視野。

我們決心投入巨資，有計畫的系統梳選，成立「經典名著文庫」，

希望收入古今中外思想性的、充滿睿智與獨見的經典、名著。

這是一項理想性的、永續性的巨大出版工程。

不在意讀者的眾寡，只考慮它的學術價值，力求完整展現先哲思想的軌跡；

為知識界開啟一片智慧之窗，營造一座百花綻放的世界文明公園，

任君遨遊、取菁吸蜜、嘉惠學子！